Dirk Kunde

D1994101

Mobile Companion zum iPhone 4

DATA BECKER

Copyright © DATA BECKER GmbH & Co. KG
Merowingerstr. 30
40223 Düsseldorf

E-Mail buch@databecker.de

Produktmanagement Manuel Morschel

Textmanagement Claudia Lötschert

Layout Jana Scheve

Umschlaggestaltung Inhouse-Agentur DATA BECKER

Textbearbeitung und Gestaltung Thorsten Schlosser, Kreuztal (www.buchsetzer.de)

Produktionsleitung Claudia Lötschert

Druck fgb • freiburger graphische betriebe (www.fgb.de)

Alle Rechte vorbehalten. Kein Teil dieses Buches darf in irgendeiner Form (Druck, Fotokopie oder einem anderen Verfahren) ohne schriftliche Genehmigung der DATA BECKER GmbH & Co. KG reproduziert oder unter Verwendung elektronischer Systeme verarbeitet, vervielfältigt oder verbreitet werden.

ISBN 978-3-8158-2885-4

Wichtiger Hinweis

Die in diesem Buch wiedergegebenen Verfahren und Programme werden ohne Rücksicht auf die Patentlage mitgeteilt. Sie sind für Amateur- und Lehrzwecke bestimmt.

Alle technischen Angaben und Programme in diesem Buch wurden vom Autor mit größter Sorgfalt erarbeitet bzw. zusammengestellt und unter Einschaltung wirksamer Kontrollmaßnahmen reproduziert. Trotzdem sind Fehler nicht ganz auszuschließen. DATA BECKER sieht sich deshalb gezwungen, darauf hinzuweisen, dass weder eine Garantie noch die juristische Verantwortung oder irgendeine Haftung für Folgen, die auf fehlerhafte Angaben zurückgehen, übernommen werden kann. Für die Mitteilung eventueller Fehler ist der Autor jederzeit dankbar.

Wir weisen darauf hin, dass die im Buch verwendeten Soft- und Hardwarebezeichnungen und Markennamen der jeweiligen Firmen im Allgemeinen warenzeichen-, marken- oder patentrechtlichem Schutz unterliegen.

Vorwort

Liebe iPhone-Besitzer,

der Hype um das iPhone in Medien und Blogs mag auf den ersten Blick merkwürdig und übertrieben wirken. Doch wenn Sie einige Tage mit Ihrem Smartphone verbracht haben und es unterwegs nutzen, werden Sie es anders sehen. Das iPhone ist nicht einfach ein besseres Handy. Es ist ein Taschencomputer mit unglaublichen Funktionen und noch unglaublicheren Apps. Die weltweite Entwicklergemeinde kommt auf verrückte, praktische und spielerische Ideen, wie man die Ortungsfunktion, die Kamera, die Medienwiedergabe oder den Internetzugang des iPhones nutzen kann.

Mit über einer Viertelmillion Applikationen lässt sich das iPhone an jedes Bedüfnis anpassen, egal ob privat oder beruflich, daheim oder auf Reisen, zu Spielzwecken oder um seine Zeit effizienter zu nutzen.

Apple hat bei der Entwicklung ein unglaubliches Tempo vorgelegt: vier Gerätegenerationen in nur drei Jahren. Dazu kommt der „große Bruder" des iPhones in Form des iPads. Mit regelmäßigen Software-Updates erweitert Apple die Funktionalitäten der Geräte. Das Unternehmen hat mit iTunes eine einzigartige Medienplattform für Bücher, Musik, Podcasts und Filme geschaffen, die sich unterwegs konsumieren lassen.

Auf der Entdeckungsreise dieser Inhalte wünsche ich Ihnen viel Spaß!

Inhaltsverzeichnis

1. Das iPhone startklar machen

1.1 SIM-Karte einlegen und aktivieren

Bevor Sie mit Ihrem iPhone telefonieren oder Daten abrufen können, müssen Sie die SIM-Karte (**S**ubscriber **I**dentity **M**odule) einlegen. Mit dieser Karte identifizieren Sie sich als Nutzer im Netz des Mobilfunkanbieters. Außerdem legt die Karte fest, mit welcher Rufnummer das Handy erreicht wird.

Wo die SIM-Karte ins Gerät muss, ist selbst für geübte Handynutzer nicht offensichtlich. Dazu benötigen Sie die kleine „Stimmgabel", die Apple im Pappumschlag mitliefert. Sollten Sie das Werkzeug verlegt oder verloren haben, tut es auch eine aufgebogene Büroklammer.

In das iPhone 4 passt nur eine Micro-SIM-Karte. Sie ist mit 12 x 15 Millimetern kleiner als die bislang gewohnte Mini-SIM mit 15 x 25 Millimetern. Die kleinere Karte bietet Apple mehr Platz für das technische Innenleben, insbesondere die größere Batterie.

Schablone: größere SIM-Karten kleiner schneiden

Sollten Sie von Ihrem Mobilfunkprovider keine Micro-SIM-Karte erhalten haben, können Sie Ihre bisherige Mini-SIM auf das richtige Format zurechtschneiden. Die Chips sind auf beiden Karten weitestgehend identisch. Basteln Sie sich eine Schablone im Format 12 x 15 mm mit einer abgeschrägten Ecke. Zeichnen Sie die Umrisse der Schablone auf die größere SIM-Karte oder kleben Sie die Schablone auf der Karte fest. Vereinfacht gesagt: Das überflüssige Plastik rund um den goldenen Chip muss weg. Schneiden Sie mit einer Schere oder einem scharfen Teppichmesser am Rand der Schablone entlang, ohne den Chip zu zerstören. Vergessen Sie die abgeschrägte Ecke nicht. Wenn Ihre Bastelarbeit nicht sofort in den Kartenschlitten passt, sollten Sie mit einer Feile die Feinarbeiten erledigen.

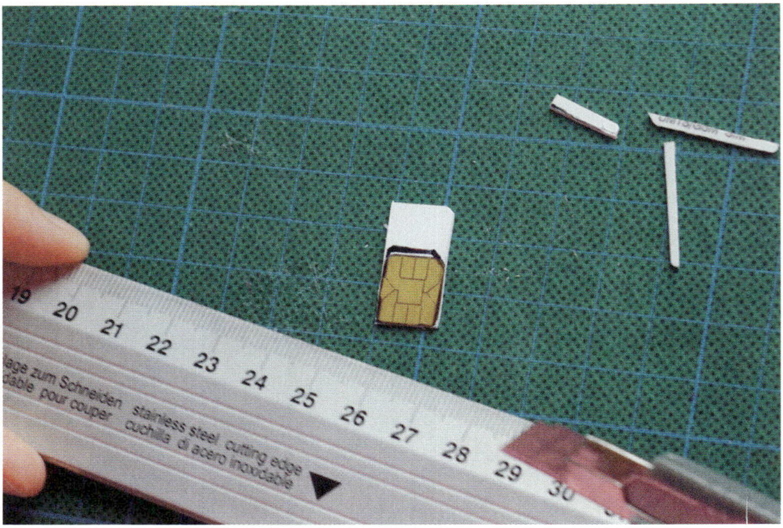

Eine Anleitung mit Bildern finden Sie unter: *www.iphone-fan.de/sim-karte-auf-das-micro-format-bringen/*.

So legen Sie die SIM-Karte ein

1 Mit dem spitzen Ende der Stimmgabel stechen Sie in das kleine Loch an der rechten Seite.

2 Der Kartenschlitten springt hervor. Nehmen Sie ihn komplett heraus.

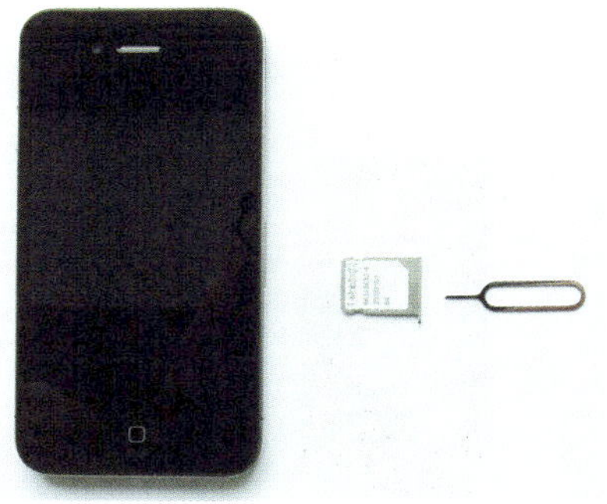

3 Die SIM-Karte mit der abgeschnittenen Ecke lässt sich nur auf eine einzige Weise in den Kartenschlitten einlegen. Somit kann man nichts falsch machen und die Karte möglicherweise verkehrt herum einsetzen.

4 Den Schlitten stecken Sie zusammen mit der SIM-Karte wieder ins iPhone. Er rastet fest ein, auch wenn Sie kein Geräusch hören und keinen Widerstand spüren.

Aktivierung der SIM-Karte

Im ersten Schritt müssen iPhone 4 und SIM-Karte über das Apple-Programm iTunes aktiviert werden. Verbinden Sie dazu Ihr iPhone und den Rechner mit dem mitgelieferten USB-Kabel.

Starten Sie iTunes. Sollten Sie das Programm noch nicht auf Ihrem Rechner installiert haben, finden Sie es kostenlos unter *www.apple.com/de/itunes*.

Das iPhone 4 benötigt mindestens die Version 9.2 von iTunes. Falls Sie das Programm bereits besitzen, überprüfen Sie die Versionsnummer. Klicken Sie dazu unter Windows auf das Fragezeichen in der Menüleiste und dann auf *Nach Updates suchen*. Mac-Nutzer tippen auf *iTunes* und *Nach Updates suchen* ...

Haben Sie Rechner und iPhone 4 per USB-Kabel verbunden, erscheint auf dem Display des Smartphones die Aufforderung zum Entsperren der SIM-Karte. Tippen Sie auf *Entsperren* und geben Sie Ihre vierstellige PIN ein.

In iTunes erscheint eine Anleitung, die Sie befolgen müssen:

1 Stimmen Sie der Softwarelizenz zu. Dann werden Sie nach Ihrem iTunes-Nutzerkonto (Apple ID) gefragt. Wenn Sie bislang keins besitzen, müssen Sie jetzt eins anlegen. Mit der Mailadresse und dem Passwort können Sie später Musik, Filme, Bücher und natürlich Apps in iTunes und auf Ihrem iPhone kaufen.

2 Wenn Sie ein vorhandes iTunes-Konto nutzen, müssen Sie noch mal Ihre Adressdaten bestätigen. Auf dem iPhone erscheint die Telefonnummer, die Sie abrufen/bestätigen müssen.

3 Sie sehen eine Werbung für MobileMe, den Daten- und Backup-Dienst von Apple. Damit lassen sich Adressen und Termine auf mehreren Rechnern und iPhones synchronisieren. Außerdem kann man Bilder und Dateien auf den Servern speichern sowie sein iPhone orten lassen (Seite 110). Sie können den Dienst für 60 Tage kostenlos testen.

4a Wenn Sie ein neues iPhone einrichten: Geben Sie Ihrem iPhone einen Namen. Sollten Sie mehrere Geräte (iPod, iPad, iPod touch, iPhone) an einem Rechner mit Musik, Fotos und Kalenderdaten befüllen, behalten Sie so den Überlick, für welches Gerät Sie gerade Einstellungen vornehmen. Außerdem wird der Name im iPhone unter *Einstellungen/Allgemein/Info* angezeigt. Das kann hilfreich sein, falls bei einem Treffen mal mehrere iPhones auf dem Tisch liegen und Sie sicher sein wollen, das richtige wieder mitzunehmen.

Wählen Sie die Inhalte aus, die auf Ihr iPhone übertragen werden sollen. Sie erhalten eine Auswahl möglicher Programme (Outlook, Outlook Express, Windows Mail, Internet Explorer etc.), aus denen iTunes Adressen, Kalendereinträge, Mailkonten, Lesezeichen und Notizen übertragen kann.

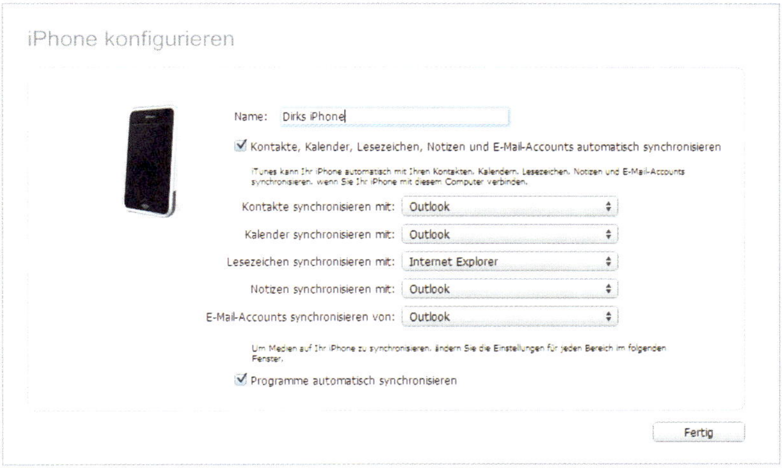

4b Wenn Sie zuvor schon ein iPhone besaßen: Liegt auf der Festplatte Ihres Rechners ein Backup aus einem anderen iPhone, sollten Sie das auswählen. Damit werden alle Ihre Einstellungen und viele Inhalte übernommen. Die Musikauswahl müssen Sie in einem zweiten Schritt übertragen.

1.2 Das iPhone-Betriebssystem aktualisieren

Mit jeder weiteren Version des iPhone-Betriebssystems (iOS) kommen neue Funktionalitäten hinzu. Darum sollten Sie immer die neuste Version auf Ihrem Smartphone verwenden.

Klicken Sie, wenn das iPhone mit dem Rechner verbunden ist, in iTunes im Reiter *Übersicht* im grau hinterlegten Bereich *Version* auf *Nach Updates suchen*. Ist eine neuere Version vorhanden, müssen Sie deren Installation noch per Mausklick bestätigen. Das Herunterladen und Installieren des Betriebssystems kann von wenigen Minuten bis zu einer halben Stunde dauern, je nach Umfang des Updates.

Für das iPhone 4 sollte man mindestens die Version 4 des iOS verwenden. Diese Version funktioniert auch auf einem iPhone 3G, iPhone 3GS sowie der zweiten und dritten iPod touch-Generation. Wobei die älteren Modelle nicht alle Funktionen unterstützen. So funktioniert das Multitasking (zeitgleiches Ausführen mehrerer Apps) nicht beim iPhone 3G oder der zweiten iPod touch-Generation.

Die Praxis zeigt auch, dass iOS 4 die Leistungsfähigkeit des Prozessors im iPhone 3G übermäßig strapaziert. Das Smartphone wird sehr langsam bei der Ausführung von Befehlen und Apps. Hier sollte man lieber bei einer 3.x-Version des Betriebssystems blieben.

Sonderfall: Jailbreak und Unlock

Apple lässt die Installation von Apps (Applikationen) auf dem iPhone nur über iTunes (Rechner) bzw. den App Store (iPhone) zu. Diese Zwangsbindung empfinden viele Nutzer als Einschränkung, da Apple alle Programme vor der Freischaltung für den App Store überprüft.

Hacker haben darum einen sogenannten Jailbreak (Gefängnisausbruch) entwickelt. Mit dieser im Internet verfügbaren Software kann man den iTunes-Zwang umgehen. Man erhält Zugriff auf die Installer-Funktion, kann also eigene Programme im Speicher ablegen. Das geschieht in der Regel über die alternativen App Stores wie Cydia oder Icy.

Wer ein iPhone mit Jailbreak besitzt, kann das iPhone-Betriebssystem nicht aktualisieren: Mit jedem Update deaktiviert Apple den Jailbreak auf dem iPhone. Es ist ein Katz-und-Maus-Spiel zwischen Apple und Hackern. Meist dauert es nach dem Erscheinen einer neuen Version des Betriebssystems nur wenige Stunden, bis eine Jailbreak-Software verfügbar ist.

Der Jailbreak umgeht diverse Sicherheitsfunktionen auf dem iPhone. Daher sollten Sie keine sicherheitsrelevanten Apps, wie beispielsweise Onlinebanking, auf einem iPhone mit Jailbreak ausführen.

Ein sogenannter Unlock ist die Aufhebung der Provider-Sperre. Da Apple in einigen Ländern das iPhone exklusiv über Mobilfunkanbieter vertreibt, in Deutschland ist es die Telekom, gibt es eine Netzsperre. Sie sorgt dafür, dass nur SIM-Karten des jeweiligen Providers im iPhone funktionieren. Ist die Netzsperre aufgehoben (unlocked), kann man das iPhone mit SIM-Karten seines Wunschanbieters nutzen.

Ist das iPhone „unlocked", aber ohne Jailbreak, kann man bedenkenlos das Betriebssystem via iTunes auf den neuesten Stand bringen.

1.3 Die wichtigsten iTunes-Einstellungen für den Start

Jedes Mal, wenn Sie Ihr iPhone per USB-Kabel mit einem Windows-Rechner verbinden, erscheint das Fenster *Automatische Wiedergabe*, das den Zugriff auf die Fotos im iPhone-Speicher ermöglicht. In diesem Fenster können Sie mit einem Häkchen bei *Folgendes für dieses Gerät immer durchführen* festlegen, wie sich der Rechner verhalten soll. Sie haben die Wahl zwischen dem Bilderimport und dem Öffnen des Datei-Managers (Windows-Explorer). Falls vorhanden, wird Ihnen hier auch ein kompatibles Bildbearbeitungsprogramm angezeigt. Setzen Sie keinen Haken, müssen Sie jedes Mal individuell entscheiden, ob ein Programm geöffnet werden soll.

Mac-Nutzer können über das Programm iPhoto auf die Bilder im iPhone zugreifen. Nach dem Import kann man entscheiden, ob das Foto im iPhone-Speicher verbleibt oder gelöscht wird.

Werden iPhone und Rechner verbunden, sehen Sie in iTunes in der linken Spalte unter der Rubrik *Geräte* den Namen Ihres Smartphones. Wenn Sie das iPhone anklicken, erhalten Sie im rechten Fenster eine Übersicht. Diese ist horizontal in elf Reiter und vertikal in drei Bereiche unterteilt.

Festlegen, was synchronisiert wird

In den einzelnen iTunes-Rubriken von *Info* über *Musik* bis *Fotos* stellen Sie ein, welche Inhalte zwischen Rechner und iPhone synchronisiert werden. Die meisten Einstellungen sind selbsterklärend. Sie müssen nur bei den gewünschten Optionen einen Haken setzen. Viele dieser Einstellungen legen Sie nur einmal fest und können sie dann getrost ignorieren.

In iTunes festlegen, welche Inhalte mit dem iPhone synchronisiert werden

Automatische Synchronisation abschalten

Haben Sie unter *Übersicht/Optionen* ein Häkchen bei *iTunes öffnen, wenn dieses iPhones angeschlossen wird* gesetzt, startet das Programm automatisch und beginnt direkt mit einer Synchronisation der Inhalte. Das wollen Sie aber nicht immer. Manchmal schließen Sie das iPhone nur zum Laden der Batterie an den Rechner an. Im Laufe der Zeit dauert die Synchronisation mit der angewachsenen Datenmenge immer länger. Hat der Datenabgleich einmal begonnen, sollten Sie ihn nicht abbrechen. Daher ist es praktischer, wenn Sie nur synchronisieren, wenn Sie es wirklich wollen.

Sie können auch in iTunes unter *Bearbeiten/Einstellungen/Geräte* die Option *Automatische Synchronisierung von iPods, iPhones und iPads verhindern* auswählen.

Inhalte manuell verwalten

Wählen Sie *Nur markierte Titel und Videos synchronisieren* aus, werden nur Medien übertragen, die in Ihrer iTunes-Mediathek zuvor markiert wurden.

Sie können aber auch Videos, Podcasts, Lieder und Wiedergabeliste per Drag & Drop auf das iPhone übertragen. Klicken Sie dazu in iTunes die Option *Musik und Videos manuell verwalten* an. Dann können Sie einen Titel aus Ihrer Mediathek auswählen und mit gedrückter [Strg]-Taste in der linken Leiste auf das iPhone ziehen und fallen lassen. Die Inhalte werden sofort übertragen. Mac-Nutzer verwenden dazu die Befehlstaste.

Musik und Videos konvertieren

Übertragen Sie vom Rechner Videos in **H**igh **D**efinition-Auflösung (HD) nehmen diese im iPhone-Speicher mehr Platz als nötig ein, denn die HD-Auflösung (1280 × 720) kann das iPhone nicht wiedergeben. Darum sollten Sie die Option *SD-Videos bevorzugen* auswählen. Die **S**tandard-

Definition (SD) entspricht dem Fernsehformat mit 768 × 576 Pixeln. Das gilt auch für Filme und Videos, die Sie bei iTunes leihen oder kaufen. Zudem ist die SD-Version etwas günstiger.

Musik wird im iPod mit einer maximalen Datenrate von 128 KBit/s (AAC-Format) wiedergegeben. Alles darüber hinaus, ist verschenkter Speicherplatz, darum sollten Sie die Option *Titel mit höherer Datenrate in 128 kBit/s AAC konvertieren* aktivieren.

Verschlüsseln Sie Ihr Backup

Sichern Sie Ihr Daten-Backup durch ein Kennwort sowie Verschlüsselung auf Ihrer Festplatte, dann kann bei Verlust oder Diebstahl niemand etwas damit anfangen. Setzen Sie dazu bei *Übersicht/Optionen/iPhone-Backup verschlüsseln* einen Haken und vergeben Sie ein Kennwort.

Eingabehilfen konfigurieren

Der Punkt *Eingabehilfen konfigurieren*, in iTunes unter *Übersicht/Optionen*, wird nur in wenigen Fällen benötigt und ist in erster Linie für Menschen mit Seh- oder Höreinschränkung. Doch die Optionen können Sie einfacher direkt auf dem iPhone ausprobieren. Mit einem Dreifachklick auf die Home-Taste erscheinen die Bedienungshilfen (Seite 60). Dort fehlt lediglich *Automatisch ausfüllen*. Damit werden alle Korrekturvorschläge bei der Texteingabe auf dem iPhone vorgelesen.

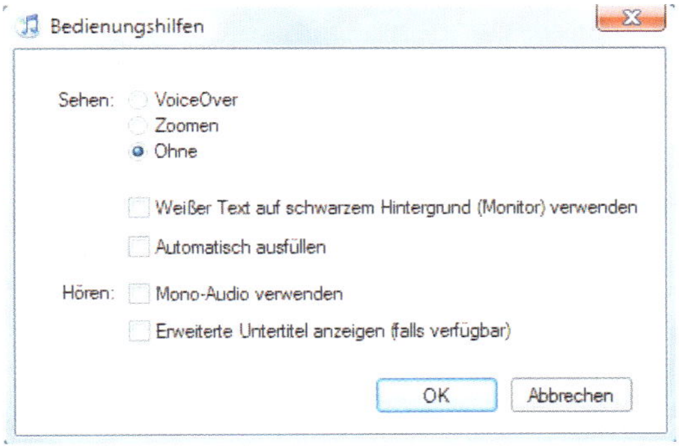

1.4 Was Sie über iTunes noch wissen sollten

In iTunes finden Sie noch weitere Informationen und Einstellungsmöglichkeiten für Ihr iPhone. In der Regel benötigen Sie diese nur einmal oder sehr selten, aber Sie sollten wissen, was mit dem Programm noch alles möglich ist.

App-Icons komfortabel am Rechner arrangieren

Besonders praktisch ist unter *Apps* die Option, Applikationen auf dem Rechner zu arrangieren. Die App-Icons auf dem iPhone mit dem Finger zu verschieben und zu arrangieren ist ein kniffliger Balanceakt (Seite 56). Das geht in iTunes einfacher: In der linken Hälfte werden alle vorhandenen Apps auf der Festplatte angezeigt. Wenn eine App nicht mehr auf dem iPhone genutzt wird, entfernen Sie einfach das Häkchen. Beim nächsten Synchronisieren wird das Programm vom iPhone entfernt, bleibt jedoch auf Ihrem Rechner. Sie können das Häkchen jederzeit wieder setzen und die App aktivieren. So halten Sie Ihren Speicher auf dem iPhone „schlank“.

Die rechte Hälfte zeigt die Anordnung der Apps und Ordner auf den Bildschirmen an. Hier können Sie die Position und die Anzahl der Bildschirme verändern: einfach das Icon mit der Maus anklicken und an die gewünschte Stelle ziehen. Bis zu elf Bildschirme können Sie auf dem iPhone mit jeweils 16 Icons anlegen. Oder Sie schieben ein Icon auf ein anderes, so entsteht ein Ordner (Seite 56). Ein Ordner nimmt bis zu 12 App-Icons auf.

Sie können auch die Programme im Dock neu zusammenstellen. Als Dock bezeichnet man die vier Icons am unteren Bildrand. Sie bleiben stets identisch, egal, auf welchem Bildschirm man sich gerade befindet. Standardmäßig ist das Dock mit *Telefon*, *Mail*, *Safari* und *iPod* belegt. Wenn Sie z. B. die Kamera häufiger benutzen, können Sie dieses Icon ins Dock ziehen – allerdings haben hier immer nur vier Symbole Platz.

Seriennummer finden

Neben Speicherkapazität, Softwareversion und Rufnummer Ihres iPhones finden Sie unter dem Reiter *Übersicht/iPhone* auch die sogenannte UDID. Das ist der **U**nique **D**evice **Id**entifier, eine einzigartige Nummer, die Ihr iPhone kennzeichnet. Klicken Sie auf die *Seriennummer*, es erscheint *Identifizierung (UDID)*. Die Kombination aus Zahlen und Buchstaben ist notwendig, wenn Ihnen beispielsweise ein Entwickler eine Betaversion einer App zum Testen zukommen lassen möchte. Mithilfe eines Profils, in das die UDID eingebunden ist, kann man Testprogramme auch außerhalb des App Stores auf einem iPhone installieren.

Name: Testgerät
Kapazität: 29,06 GB
Softwareversion: 4.0
Identifizierung (UDID): 1c484616ca2bd7658825fd99c81fdf9ad8e958a1
Telefonnummer: +49 151 25282918

App-Betaversionen zum Testen installieren

Vom App-Entwickler erhalten Sie eine Profildatei, in der Ihre Gerätenummer (UDID) enthalten ist. Die gestattet dem Gerät die Ausführung des Programms. Darüber hinaus erhalten Sie noch das eigentliche Programm. Entpacken Sie beides auf Ihre Festplatte. Ziehen Sie mit der Maus als Erstes die Profildatei in das geöffnete iTunes-Programm und lassen Sie die Datei links oben in der Mediathek fallen. Klicken Sie auf *Datei* bzw. *Ordner zur Mediathek hinzufügen*. Mac-Nutzer: Klicken Sie auf *Ablage/Zur Mediathek hinzufügen*. Synchronisieren Sie nun Rechner und iPhone. Jetzt können Sie das Programm auf dem iPhone nutzen.

Die Profildateien haben in der Regel ein Ablaufdatum, nach dem die App nicht mehr zu nutzen ist. Die Profile mit diesem Datum finden Sie auf dem iPhone unter *Einstellungen/Allgemein/Profile*. Die Programmdateien der Apps finden Sie auf Ihrem Rechner unter *iTunes/Mobile Applications*.

Datenrettung mittels Backup

Sollte mit Ihrem iPhone gar nichts mehr gehen, können Sie das Gerät mit wenigen Klicks in iTunes unter *Übersicht/Version/Wiederherstellen* auf die Werkseinstellungen zurücksetzen.

Haben Sie das Smartphone schon eine Weile in Betrieb, liegt auf der Festplatte des Rechners ein *Backup* aller Daten. Schauen Sie auf Ihrem Windows-Rechner in iTunes unter *Bearbeiten/Einstellungen/Geräte* nach. Mac-Nutzer verwenden *iTunes/Einstellungen/Geräte*. Hier finden Sie die verfügbaren Backups mit Datumsangabe. Nutzen Sie zur Wiederherstellung das jüngste Backup.

Sie brauchen etwas Geduld: Die Wiederherstellung kann von einigen Minuten bis zu einer Stunde dauern, je nach Volumen der wiederherzustellenden Datenmenge.

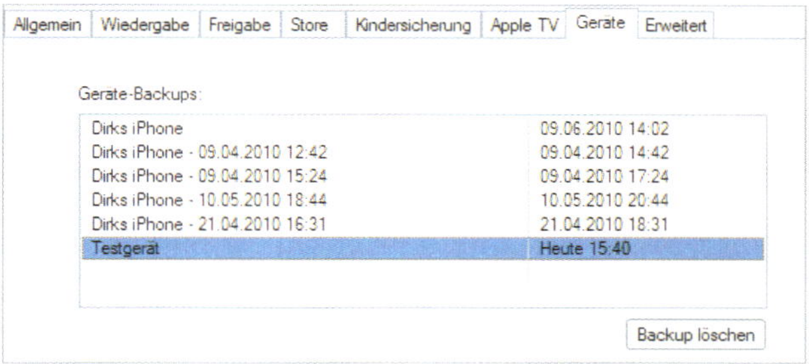

Fotos und Videos gezielt synchronisieren

Unter dem Register *Fotos* sollten Sie *Alle Ordner/Videos einbeziehen* nicht ausgewählt haben. Mit der Zeit wird Ihre Foto- und Videosammlung auf eine beachtliche Größe anwachsen. Wenn Sie dann jedes Mal den kompletten Ordner synchronisieren, dauert das eine gefühlte Ewigkeit. Gleichen Sie nur *Ausgewählte Ordner* mit dem iPhone ab oder „entrümpeln“ Sie Ihre Fotosammlung regelmäßig (Seite 177).

Überprüfen Sie von Zeit zu Zeit in den *Einstellungen* unter den übrigen Reitern, ob Sie eventuell Inhalte synchronisieren, die Sie gar nicht nutzen. Dadurch verlängert sich der Datenabgleich nur unnötig.

Dokumente auf das iPhone ziehen

Apps wie beispielsweise *Air Sharing*, *Docs to Go* und viele andere bieten den Transport und die Bearbeitung von Dateien. Den Austausch dieser Texte, Tabellen, Fotos und sonstiger Dokumente von und zum iPhone können Sie leicht in iTunes (ab 9.2) erledigen. Im Reiter *Apps* finden Sie unten die Dateifreigabe. Hier sind alle installierten und infrage kommenden Apps aufgelistet. Über die Schaltflächen *Hinzufügen* und *Sichern unter* können Sie eine Datei auf das iPhone übertragen bzw. auf Ihrem Rechner speichern. In einem Windows-Dateimanager können Sie die Datei auch per Drag & Drop über der grauen Fläche *Dokumente* fallen lassen. Die Übertragung beginnt sofort, ohne dass Sie den Synchronisations-Button anklicken müssen.

1.5 Vorhandene Kontakte von der SIM-Karte importieren

Verwenden Sie eine bereits zuvor genutzte SIM-Karte, dann können darauf Kontaktdaten gespeichert sein. Diese können Sie in die Kontakte (ins Adressbuch) des iPhones übernehmen. Selbst auf neuen SIM-Karten finden sich in der Regel Servicerufnummern des Mobilfunkproviders.

Tippen Sie unter *Einstellungen* auf *Mail, Kontakte, Kalender*. Recht weit unten finden Sie *SIM-Kontakte importieren*.

Nach einem Fingertipp übernimmt das iPhone alle Einträge, die Sie anschließend unter *Kontakte* einsehen können.

1.6 Schnell den Mailempfang einrichten

Die Mailkonten auf Ihrem iPhone richten Sie direkt bei der Aktivierung des iPhones ein. Die Konfiguration ist hierbei einfach und erfordert von Ihnen lediglich eine Auswahl. Wählen Sie das Programm aus, aus dem die Einstellungen übernommen werden sollen (Outlook, Windows Mail etc.).

Der Einfachheit halber sollten Sie in diesem Schritt sämtliche Mailkonten auf Ihr iPhone übernehmen. Ungenutzte können Sie später in den *Einstellungen* unter *Mail, Kontakte, Kalender/Accounts* löschen. Einfach den überflüssigen *Account* auswählen und auf *Account löschen* tippen.

Fehlt Ihnen auf der anderen Seite ein Mailkonto von Ihrem Rechner auf dem iPhone, dann aktivieren Sie die Synchronisation in iTunes unter dem Reiter *Info, Mail Accounts synchronisieren von: Outlook*. Im Kasten darunter sehen Sie die ausgewählten Konten. Alle Mail-Accounts mit einem Häkchen werden beim nächsten Datenabgleich übertragen.

Hier wird auch die Abfragemethode des Mailkontos angezeigt. In der Regel ist es POP. Dabei werden alle Mails vom Server abgeholt und auf das iPhone übertragen. Doch auf dem Smartphone ist die Methode IMAP meist praktischer, dabei wird nur eine Kopie heruntergeladen. Doch dazu muss das Mailkonto neu auf dem iPhone eingerichtet werden (Seite 119).

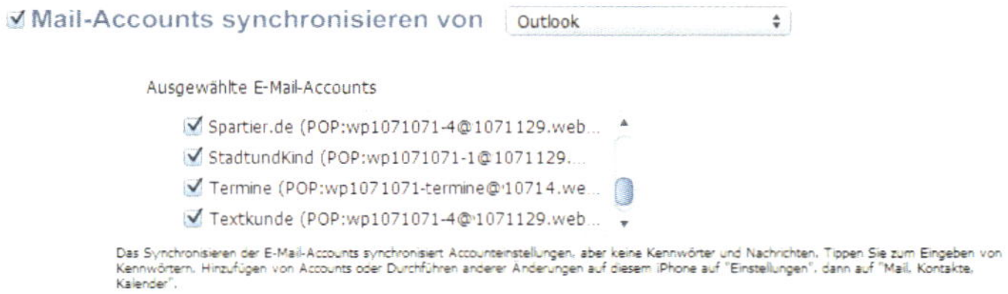

1.7 Wichtige Einstellungen zum Stromsparen

Die Lithium-Ionen-Batterie im iPhone 4 fällt gegenüber den Vorgängermodellen größer und leistungsfähiger aus. Rund 40 Prozent mehr Leistung seien drin, so der Hersteller. Bis zu 300 Stunden im Standby komme das Smartphone ohne Steckdose aus. Die tatsächliche Laufzeit hängt jedoch sehr von Ihrem Nutzungsverhalten ab. Videowiedergabe, Navigations-Apps und automatischer Mailabruf saugen am Stromspeicher.

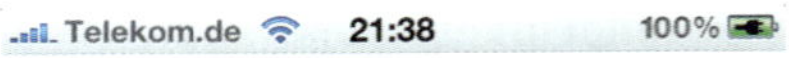

Neben dem grünen Ladebalken oben rechts können Sie sich den Zustand Ihrer Batterie als Prozentwert anzeigen lassen, um ein genaueres Gefühl für die Restlaufzeit zu bekommen. Unter *Einstellungen/Allgemein/Benutzung* aktivieren Sie *Batterieladung in %* .

Die größten Stromfresser deaktivieren

Bei einem niedrigen Ladezustand schaltet der Ladebalken von Grün auf Rot, und es erscheint eine Warnmeldung (*20 % Batterieladezustand*), die man bestätigen muss. Ab dieser Meldung dauert es nicht mehr lange, und das iPhone muss wieder an die Steckdose oder per USB-Kabel an einen Rechner.

Da die Batterie beim iPhone nicht herausnehmbar ist, kann sie am Ende ihrer Laufzeit nicht einfach vom Nutzer ersetzt werden. Es muss immer das komplette Gerät eingeschickt werden. Darum sollten Sie einige Einstellungen vornehmen, die ihre Batterie schonen und möglichst lange halten lassen.

Helligkeit des Bildschirms

Reduzieren Sie in den *Einstellungen* die *Helligkeit* des Bildschirms. Dreiviertel der maximalen Leistung haben sich in der Praxis bewährt. Sie sollten auch die *Auto-Helligkeit* aktivieren. Dann reagiert ein Umgebungslichtsensor auf die Intensität des Lichts und passt den Bildschirm an.

Außerdem sollten Sie unter *Einstellungen/Allgemein/Automatische Sperre* ein oder zwei Minuten einstellen, nach der sich der Bildschirm abschaltet, wenn er nicht benutzt wird.

Datenverbindungen: WLAN und Bluetooth

Wer die Datenverbindung per WLAN (*Einstellungen/Wi-Fi*) oder Bluetooth (*Einstellungen/Allgemein/Bluetooth*) aktuell nicht benötigt, sollte sie deaktivieren.

3G abschalten

Wenn Sie mit dem iPhone nur telefonieren und keine Daten übertragen, benötigen Sie keine Verbindung zum UMTS-Netz (3G). Somit können Sie die Datenübertragung im Mobilfunknetz unter *Einstellungen/Allgemein/Netzwerk/3G aktivieren* ausschalten.

Push abschalten

Die regelmäßige Mailzustellung ist praktisch, zerrt aber an der Batterie. Die sogenannte Push-Funktion lässt sich abschalten. In diesem Fall gibt es einen Zeitplan, wie oft die Daten abgerufen werden. *Manuell* ist die Option, bei der die Batterie am meisten geschont wird. Dann werden Mails nur vom Server geholt, wenn das Mailprogramm auch aktiv ist. Unter *Erweitert* kann man für jedes Mailkonto zwischen *Zeitplan* und *Manuell* wählen. Die Auswahl finden Sie in den *Einstellungen* unter *Mail, Kontakte, Kalender/Datenabgleich*.

Auf Benachrichtigungen verzichten

Diverse Apps senden Benachrichtigungen (Push-Meldungen) an Ihr iPhone. Diese werden als rot-weiße Zahl am App-Icon signalisiert. Wer darauf verzichten kann, findet den Ausschalter unter *Einstellungen/Benachrichtigungen*. Hier kann man auch für jede einzelne App die Meldungen deaktivieren.

Beim ersten Start fragen die Apps nach einer Zustimmung für Push-Meldungen, wer darauf verzichten kann, sollte auf *Ablehnen* tippen.

Ortungsdienste

Der GPS-Chip berechnet für etliche Apps den aktuellen Standort des Nutzers und versieht Fotos mit Geodaten (Längen- und Breitengrad). Wenn Sie diese Funktion nicht benötigen, deaktivieren Sie die *Ortungsdienste* unter *Einstellungen/Allgemein*. Auch hier haben Sie die Möglichkeit, einzelnen Apps den GPS-Stecker zu ziehen.

Laden über das Netzteil geht schneller

Die Batterie im iPhone wird über das weiße USB-Kabel und den Netzstecker am schnellsten an einer Steckdose aufgeladen. Während des Ladevorgangs zeigt das Batteriesymbol einen Blitz. Ist die Batterie vollständig geladen, zeigt es einen Stecker.

Natürlich kann man das iPhone auch über den USB-Anschluss an einem Rechner aufladen. Werden währenddessen jedoch Daten synchronisiert, dauert der Ladevorgang länger. Schaltet der Rechner im Ruhezustand (Stand-by) die Stromversorgung der USB-Anschlüsse ab, kann es sogar zu einer Entladung des iPhones kommen.

1.8 Netzsperre aufheben lassen

Vertragskunden der Telekom können nach Ablauf ihrer zweijährigen Vertragslaufzeit ihr iPhone kostenlos von der Netzsperre befreien lassen. Danach funktionieren auch SIM-Karten anderer Provider im iPhone.

Den Auftrag kann man telefonisch bei der Hotline (2202) oder in einem Telekom-Shop erteilen. Dazu benötigen Sie die Gerätenummer (IMEI). Sie finden sie unter *Einstellungen/Allgemein/Info*. Die Telekom meldet diese Nummer an Apple. Das iPhone wird in deren Datenbank als „Factory Unlocked" registriert. Bei der nächsten Synchronisation von iPhone und Rechner wird die Netzsperre endgültig aufgehoben. Für diesen Vorgang sollte man zwei bis drei Tage einkalkulieren.

Jetzt können Sie das iPhone auch mit SIM-Karten anderer Anbieter nutzen. Achten Sie jedoch bei einem Wechsel darauf, dass Internetnutzung per Mobilfunk inklusive ist (Flatrate). Eine Abrechnung nach Datenvolumen (MByte) kann überraschend teuer werden, weil man kein Gefühl dafür hat, wie viel Byte eine Webseite oder eine Mail ausmacht. Einen Anhaltspunkt zur Datennutzung liefert die Statistik unter *Einstellungen/Allgemein/Benutzung*.

2. Mit der Bedienung vertraut machen

2.1 Ein- und ausschalten und aus dem Stand-by holen

Oben rechts auf dem iPhone befindt sich der Ein-/Ausschalter bzw. Stand-by-Knopf. Halten Sie ihn zum Einschalten für mehrere Sekunden gedrückt, bis das Apfel-Logo auf dem Bildschirm erscheint. Dieses Logo sehen Sie umso länger, je mehr Apps auf Ihrem iPhone sind. Die Startphase verlängert sich mit der Anzahl der zu ladenden Programmprofile.

Ist das iPhone startbereit, wird Ihre vierstellige PIN (**P**ersonal **I**dentification **N**umber) für die Telefonfunktion erfragt. Diese Abfrage sollten Sie aus Sicherheitsgründen nicht deaktivieren: Ohne sie kann ein Fremder nicht mit Ihrem iPhone telefonieren – allerdings kann er die übrigen Funktionen des iPhones nutzen, also die Einträge im Kalender, Adressbuch oder E-Mails lesen. Für eine komplette Sperre aller Daten sollten Sie die *Code-Sperre* aktivieren (Seite 241). Nur wer diese Zahl kennt, kann das iPhone bedienen.

Falls Sie sich die Ihnen mitgeteilte PIN nicht merken können, ändern Sie sie unter *Einstellungen/Telefon/SIM-PIN/PIN ändern* auf eine vierstellige Zahl Ihrer Wahl. Wenn Sie die PIN dreimal falsch eingeben, benötigen Sie den PUK (**P**ersonal **U**nlocking **K**ey) aus Ihren Vertragsunterlagen, um das iPhone wieder freizuschalten. Geben Sie den PUK dreimal falsch ein, ist Ihre SIM-Karte endgültig gesperrt und muss ausgetauscht werden.

Ausschalten

Zum Ausschalten halten Sie den Knopf oben auf dem iPhone länger gedrückt. Auf dem Bildschirm erscheint ein roter Schieber mit dem Wort *Ausschalten*. Schieben Sie den Pfeil von links nach rechts. Das iPhone ist damit komplett ausgeschaltet.

Aus dem Stand-by holen

Wollen Sie das iPhone aus dem Stand-by-Modus erwecken, drücken Sie kurz auf die Home-Taste oder den Einschaltknopf. Sie sehen das Hintergrundbild und einen Schieberegler mit der Aufschrift *Entriegeln*. Schieben Sie den Pfeil von links nach rechts, und das iPhone ist betriebsbereit.

Start- und Hintergrundbild ändern

Das Hintergrundbild beim Start sieht man eigentlich nur kurz, wenn man das iPhone aus dem Stand-by holt. Apple nennt es den Sperrbildschirm. Hierfür und auch für den Hintergrund der App-Icons (Home-Bildschirm), kann man ein individuelles Motiv auswählen. Unter *Einstellungen/Hintergrundbild* steht links der Sperr- und rechts der normale Bildschirm. Tippen Sie einen von beiden an. Sie können aus verschiedenen Motiven wählen oder ein eigenes Bild aus Ihrer Fotosammlung aussuchen. Tippen Sie das Bild an, dann bestimmen Sie Position und Bildausschnitt. Tippen Sie auf *Festlegen*, dann können Sie noch entscheiden, ob das Foto für den Sperr-, den Home-Bildschirm oder beide verwendet werden soll.

Eine individuelle Anpassung macht Sinn, wenn Freunde, Kollegen oder Familienangehörige auch ein iPhone nutzen und Verwechslungsgefahr besteht.

2.2 So funktioniert die Touchscreen-Bedienung

Apple-Boss Steve Jobs hat bewusst auf eine feste Tastatur verzichtet. Seine Begründung: Feste Tastaturen kann man im Nachhinein nicht verändern. Eine Bildschirmtastatur lässt sich an alle Sprachen und Befehle anpassen. Davon hat Apple bereits profitiert: Bis zum Betriebssystem 3.0 fehlte im Deutschen das Paragraphenzeichen – es wurde mit einem Update nachgereicht und liegt nun als Doppelbelegung auf dem kaufmännischen Und (&).

Das Retina-Display

Apple hat das Display im iPhone 4 nach der menschlichen Netzhaut benannt. Auf dem 5 x 7,5 Zentimeter großen Bildschirm werden 960 x 640 Bildpunkte bei einer Dichte von 326 Punkten pro Inch dargestellt. Das ist vier Mal so viel wie in den Vorgängermodellen. Bilder wirken kontrastreicher und Schrift gestochen scharf. So kann man auch längere Texte gut auf dem Smartphone lesen. Schließlich hielt Apples Buchladen iBookstore mit dem iOS 4 Einzug auf dem iPhone (Seite 162).

Der Handschuh-Trick

Der Bildschirm des iPhones ist berührungsempfindlich. Alle Befehle werden mit der Fingerspitze ausgeführt. Lediglich bei niedrigen Außentemperaturen reagiert die Oberfläche schwerfälliger. Mit Handschuhen funktioniert im Winter gar nichts. Der Hautkontakt auf dem kapazitiven Display verändert die Spannung, woraus die Position des Fingers berechnet wird. Da Leder oder Wolle nicht leiten, reagiert das iPhone nicht. Einzige Ausnahme: spezielle Wollhandschuhe, die an den Fingerspitzen abgerundete Metallplatten aufgenäht haben. Sie sorgen für den notwendigen Kontakt, aber zerkratzen die Glasoberfläche nicht. Eine zweite Variante sind Fäden eines Spezialgarns (Elitex – *www.imbut.de*), das Metall enthält. Schon einige Nadelstiche mit dem Faden in den Zeigefinger des Handschuhs sollten ausreichen, um die Leitfähigkeit wiederherzustellen.

Bedienung mit zwei Fingern

Einzigartig beim iPhone ist das „Pinchen“ – was übersetzt „Kneifen“ bedeutet. Dazu nutzen Sie Ihren Daumen und Zeigefinger und vollführen eine Kneifbewegung auf dem Bildschirm. Ziehen Sie Ihre Finger auseinander, werden Webseiten oder Fotos vergrößert (Zoom). Die Gegenbewegung verkleinert die Darstellung. Ein doppelter Fingertipp auf den Bildschirm stellt die Inhalte wieder in ihrer Ursprungsgröße dar.

iPhone-optimierte Webseiten

Viele Anbieter sind dazu übergegangen, iPhone-optimierte Webseiten anzubieten. Deren Inhalte sind auf die 960 x 640 Bildpunkte des iPhone 4 ausgerichtet. Diese Webseitenadressen beginnen in der Regel mit *http://mobil(e)...* oder enden auf *.mobi*. Auch *wap* und *pda* sind Hinweise auf spezielle mobile Seitenversionen. Viele Webserver erkennen jedoch, wenn eine Seite vom iPhone aufgerufen wird, und laden, falls vorhanden, automatisch die optimierte iPhone-Seite.

Hoch und Querformat

Das iPhone stellt Inhalte im Hoch- (Porträt) und Querformat (Landscape) dar. Dabei ist es egal, ob man das iPhone nach links oder rechts dreht, die Seite wird jeweils so gedreht, dass man die Inhalte lesen oder betrachten kann.

Schieben und drehen

Viele Einstellungen im iPhone lassen sich mit einem Schieberegler aktivieren und deaktivieren. Liegt der graue Kasten rechts und der Rest des Feldes ist blau, ist die Funktion eingeschaltet. Schiebt man den grauen Kasten nach links, ist sie ausgeschaltet.

Die Eingabe, insbesondere von Uhrzeiten, Tagen und Monaten, wird durch Drehräder erleichtert. Man fährt mit dem Finger über das Rad, bis der gewünschte Eintrag erreicht ist.

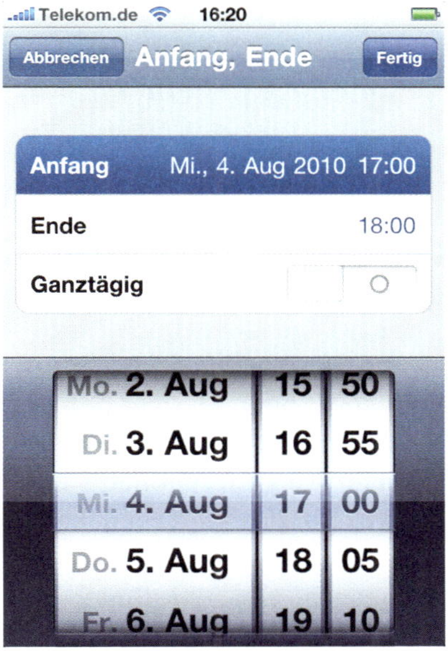

Das iPhone schütteln

Etliche Anwendungen (Apps) reagieren auch auf Schütteln des iPhones. Meist wird damit der letzte Schritt rückgängig gemacht. Bei der Texteingabe in *Mails*, *Nachrichten* (SMS, MMS) oder den *Notizen* erscheint nach dem Schütteln ein Pop-up *Eingabe widerrufen*. Mit einem Tipp darauf wird der zuletzt eingegebene Text gelöscht. Falls Sie es sich doch wieder anders überlegen, schütteln Sie noch mal, und es erscheint *Eingabe wiederholen*. Der Text erscheint wieder.

Im *iPod* starten Sie mit der Schüttelfunktion den Zufallsmodus (Seite 150). In Apps, die Texte und Daten liefern (Nachrichten, Wettervorhersagen etc.) bewirkt das Schütteln in den meisten Fällen eine Aktualisierung der Inhalte.

2.3 Das Hauptmenü – Aufbau des Startbildschirms

Wenn Sie Ihr iPhone starten, finden Sie auf dem ersten Startbildschirm bereits einige vorinstallierte Funktionen bzw. Apps. Der berührungsempfindliche Bildschirm ist in zwei Bereiche aufgeteilt; im unteren befindet sich das sogenannte Dock. Hier liegen vier Funktionen, die immer gleich bleiben. Der obere Bereich besteht aus bis zu 16 Icons für Apps oder Ordner. Sie können bis zu elf dieser Bildschirme füllen.

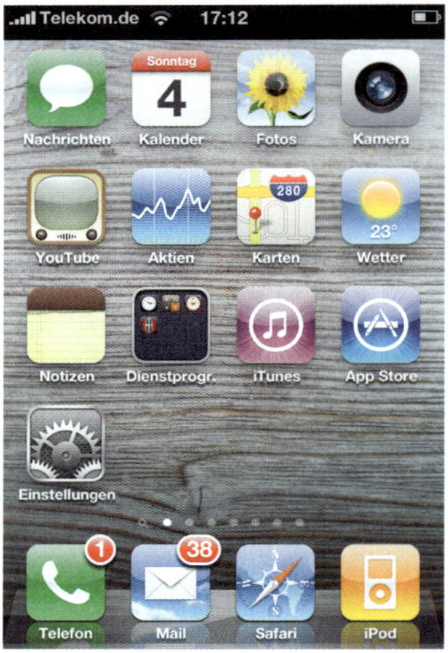

Schneller Wechsel zwischen den Startbildschirmseiten

Zwischen den Startbildschirmen wechseln Sie mit einer Wischbewegung Ihres Fingers über den Touchscreen. Sie können aber auch links und rechts auf dem Bildschirm bestimmte Punkte zwischen dem untersten App-Icons und dem Dock antippen, um zur nächsten Seite zu gelangen.

Die Standard-Apps – Übersicht und Tipps

Die mitgelieferten Apps bieten einige praktische Funktionen; auch hier hat Apple Wert auf einfache Bedienung und durchdachte Konzepte gelegt. Im Folgenden finden Sie eine Kurzübersicht dieser Anwendungen mit dem einen oder anderen Tipp.

Aktien

Hier behalten Sie die Kurse Ihrer Aktien, Fondsanteile, Währungen und Indizes, wie beispielsweise den DAX, im Blick. Die Kurse liefert Yahoo! mit 20 Minuten Verzögerung.

Neue Papiere werden über das *i* hinzugefügt, dann das + antippen. Wenn Sie beispielsweise *Deutsche Telekom* eingeben, findet die App alle Börsennotierungen. Später wird in der Übersicht nur das Börsenkürzel angezeigt, also *DTE.DE* für den Kurs der Deutschen Telekom an der elektronischen Xetra-Börse.

Sollten Sie das gewünschte Kürzel nicht finden, schauen Sie im Browser auf der Finanzseite von Yahoo! unter *de.finance.yahoo.com* nach. Wenn Sie beispielsweise den Wechselkurs Euro/US-Dollar suchen, finden Sie dort das Kürzel *EURUSD=X*.

Auf der Startseite können Sie die Veränderung der Werte in Prozent oder Euro anzeigen lassen. Die dritte Option ist die Marktkapitalisierung eines Börsenwerts.

Den unteren Kursverlauf (im Hochformat) können Sie nach links und rechts verschieben, dann erhalten Sie Nachrichten sowie Detailangaben zum Unternehmen oder Index.

Charts im Querformat

Drehen Sie das iPhone ins Querformat, und die Kursverläufe der Wertpapiere werden bildschirmfüllend dargestellt. Die Optionen reichen vom Tagesverlauf bis zu einem Zeitraum der Kursentwicklung über zwei Jahre. Blättern Sie mit dem Finger nach links, erscheint der Kursverlauf des nächsten Wertpapiers. So haben Sie Ihr gesamtes Depot im Blick. Sie können sogar Kurswerte für einzelne Tage ermitteln. Legen Sie Ihren Finger auf den Kursverlauf und wischen Sie nach links oder rechts. Es erscheint eine gelbe Linie, an deren Spitze der jeweilige Tageskurs angezeigt wird, das zugehörige Datum steht oben in der Menüleiste.

App Store

Im App Store finden Sie weitere Programme (Applikationen) für das iPhone – viele davon sind kostenlos. Sie können in den Highlights und Top-Listen der erfolgreichsten Apps stöbern (Top 25), die Suchfunktion nutzen, in den 20 Kategorien blättern oder sich von *Genius* auf Grundlage Ihrer bisher erworbenen Apps weitere Programme vorschlagen lassen (Seite 186).

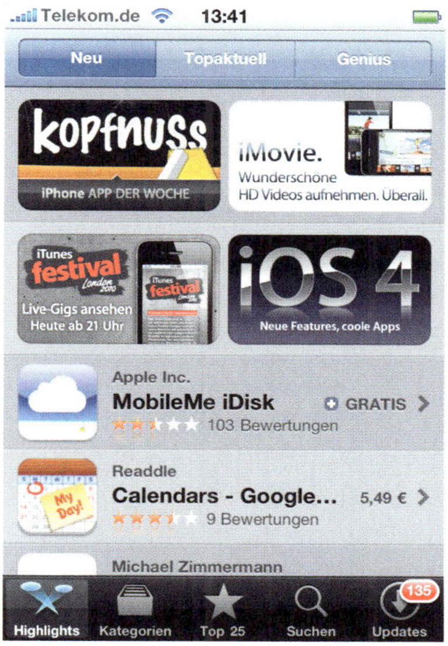

Einstellungen

Hier nehmen Sie sämtliche Einstellungen für die Funktionen des iPhones vor. Viele Beschreibungen in diesem Buch beziehen sich auf dieses Menü. Schauen Sie sich die diversen Kategorien mit ihren Unterrubriken einmal in Ruhe an. Hier finden Sie auch die Detaileinstellungen für Ihre installierten Apps.

Fotos

Unter *Fotos* finden Sie eine Übersicht Ihrer Fotoalben. Darin liegen alle mit dem iPhone gemachten Aufnahmen: Fotos, Videos und Screenshots. Die Bilder werden nach Alben oder Ereignissen (Mac-Nutzer mit iPhoto) sowie Orten (Ortungsdienst für die Kamera aktiviert) angezeigt. Tippen Sie ein Album an, sehen Sie eine Übersicht mit Bildern als kleine Quadrate. Hier starten Sie die Diashow (Seite 174) oder den Versand mehrerer Bilder.

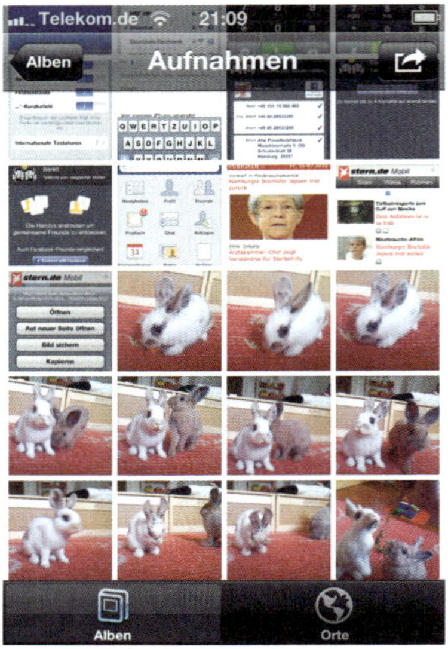

Tippen Sie ein einzelnes Bild an, wird es formatfüllend angezeigt. Nun können Sie mit dem Finger durch die Bildsammlung blättern.

iTunes

Der Kauf und das Herunterladen von Musik, Podcasts, Hörbüchern, Uni-Vorlesungen, TV-Serien, Musikvideos und Spielfilmen funktioniert mit iTunes. Die untere Menüleiste mit den Medienkategorien lässt sich wie beim iPod über *Mehr/Bearbeiten* Ihren Wünschen anpassen (Seite 149).

Kalender

Den Kalender füllen Sie nicht nur mit Terminen direkt am iPhone. Sie können per Mobilfunk auch mehrere Firmenkalender (über einen Exchange-Server) nutzen, mit der Familie einen Kalender bei MobileMe (Seite 110) synchronisieren und für den Sportverein einen Team-Kalender bei Google führen. Die einzelnen Kalendereintragungen werden mit unterschiedlichen Farben angezeigt. Bei der Darstellung haben Sie die Wahl zwischen einer Liste aller Termine, dem aktuellen Tag oder der Monatsübersicht.

Dabei hat jeder Tag in der Monatsübersicht, an dem ein Termin eingetragen ist, einen Punkt unter der Zahl.

Kamera

Hier starten Sie die Fotokamera. Oben links sehen Sie die Blitz-Einstellungen, rechts wechseln Sie zwischen Front- und Rückseitenkamera. Unten sehen Sie links das zuletzt geschossene Foto als Icon. In der Mitte ist der Auslöser (Kamerasymbol), und rechts wechseln Sie mit dem Schieber zwischen Foto- und Videokamera.

Finger gedrückt halten

Fotos auf dem iPhone können leicht verwackeln. Halten Sie darum den Auslöser (Kamerasymbol) so lange gedrückt, bis Sie den Bildausschnitt optimal bestimmt haben, das Objekt stillhält oder Sie in der Bewegung mitgehen. Die iPhone-Kamera löst erst aus, wenn Sie den Finger vom Kamerasymbol nehmen.

Karten

Startet ein Fenster mit Google Maps. Hier lassen sich Adressen aus dem Adressbuch zeigen, Routen berechnen oder der eigene Standort anzeigen. Die Kartenanzeige benötigt auch immer eine Internetverbindung.

Nachrichten

Hier schreiben Sie SMS- und MMS-Nachrichten. Geben Sie hinter *An* einfach die Rufnummer oder einen Namen ein. Das iPhone sucht nach passenden Einträgen aus dem Adressbuch. Oder Sie tippen auf das blau-weiße Pluszeichen und fügen die Empfänger hinzu. Eine SMS kann nämlich gleich an mehrere Empfänger verschickt werden. Hängen Sie über das Kamerasymbol ein Foto oder ein Video an die Textnachricht, wird daraus eine MMS (die im Preis deutlich teurer ist).

Notizen

Sie können sich auf den „gelben Zetteln" Notizen machen, die Sie per Mail verschicken oder via Synchronisation zu Outlook auf Ihrem Rechner übertragen.

Überschrift vergeben

Das iPhone verwendet die erste Textzeile einer jeden Notiz als Überschrift. Wenn Sie viele Notizzettel benutzen, sollten Sie jedem Zettel eine eindeutige Überschrift geben. So wissen Sie in der Übersicht sofort, was sich hinter jeder Notiz verbirgt.

iPhone als Wecker

Lassen Sie sich von Ihrem iPhone wecken. Unter *Uhr/Wecker* legen Sie den Tag, die Uhrzeit und den Weckton fest. Unter *Beschreibung* können Sie einen Text eingeben, der auf dem Display erscheint. So können Sie sich beispielsweise jeden Mittwoch an das Teamtreffen im Büro erinnern lassen. Die Textmeldung erscheint auf dem Bildschirm, und der gewählte Ton wird abgespielt. Tippen Sie auf *OK*, endet die Weckfunktion. Tippen Sie auf *Schlummern*, startet der Weckruf in zehn Minuten erneut.

Ist eine Weckzeit eingerichtet, erscheint neben dem Batteriesymbol eine kleine Uhr. Schalten Sie das iPhone über Nacht komplett aus, werden Sie Ihren Termin am nächsten Morgen verschlafen: Der Wecker funktioniert nicht, wenn das iPhone ausgeschaltet ist. Um den Wecker zu nutzen, lassen Sie das Smartphone im Stand-by-Modus.

Wenn Ihnen der eingebaute Wecker nicht gefällt, finden Sie im App Store preiswerte und kostenlose Alternativen. Eine der besten und umfangreichsten ist die App *iNight*, die Sie unter anderem mit Musik von Ihrer Lieblingsplaylist aufweckt.

YouTube

Startet eine Übersicht zum Abspielen von Videos bei YouTube (Seite 183).

Wetter

Die Wettervorhersage können Sie auf Ihre Wunschorte einstellen. Klicken Sie unten rechts auf das *i*. Über das +-Symbol können Sie weitere Orte aus der ganzen Welt hinzufügen. Dabei haben Sie die Wahl, ob die Temperatur in Celsius oder Fahrenheit angezeigt wird.

Für jeden Ort werden ein Wettersymbol, die aktuelle Temperatur sowie Maximum und Minimum der Tagestemperatur angezeigt. Die Vorhersage gilt für fünf Tage.

Zwischen den Orten wechselt man mit einem Fingerwisch von links nach rechts.

Sollten Ihnen diese Wetterinformationen nicht ausreichen, finden Sie im App Store eine reichhaltige Auswahl an Apps zu Windstärken, Wetterwarnungen und Ski-Pisten-Berichten.

Im Ordner der Dienstprogramme (*Dienstprogr.)* finden Sie die folgenden Apps:

Uhr

Die Uhr ist gleichzeitig eine Weltuhr (hinzufügen von Zeitzonen), ein Wecker, eine Stoppuhr und ein Timer (Seite 151) fürs Eierkochen oder die Schlummer-Funktion im iPod.

Rechner

Ein klassischer Taschenrechner – drehen Sie das iPhone ins Querformat, und der einfache Rechner erhält wissenschaftliche Zusatzfunktionen.

Ziffern wegwischen

Haben Sie sich bei der Zifferneingabe im Taschenrechner vertippt, müssen Sie nicht über das [c] die gesamte Zahl löschen: Wischen Sie oben im Zahlendisplay einfach die letzte Ziffer von rechts nach links mit dem Finger weg.

Sprachmemos

Mittels Rekorder lassen sich gesprochene Nachrichten als Erinnerungsstütze aufnehmen oder Besprechungen als Protokoll mitschneiden. Aus dem Bellen des Hundes oder dem Lachen der eigenen Kinder kann man einen individuellen Klingelton machen (Seite 88).

Mithilfe vorgefertigter oder selbst erstellter „Etiketten“, die später als Titel angezeigt werden, lassen sich die Sprachmemos ordnen.

Die Aufnahmen werden automatisch beim Synchronisieren von iTunes auf den PC übertragen und landen dort in einer eigenen Playlist. Voraussetzung ist, dass in iTunes im Register *Musik* die Option *Sprachmemos einbeziehen* aktiviert ist. Achtung: Löschen Sie ein Sprachmemo auf dem iPhone, bleibt dieses auf dem PC erhalten; löschen Sie es jedoch in iTunes, wird es bei der nächsten Synchronisierung auch auf dem iPhone entfernt. Vom iPhone lassen sich die Aufnahmen per Mail oder MMS verschicken.

Kompass

Der Kompass ist eine nette Spielerei, um die Himmelsrichtung zu bestimmen und den genauen geografischen Standort mit Längen- und Breitengrad zu ermitteln. Der wahre Nutzen des Kompasses zeigt sich erst im Zusammenspiel mit Navigationsanwendungen und Apps der Kategorie Augmented Reality, was übersetzt so viel wie „erweiterte Realität“ bedeutet (Seite 206).

Die Standardanwendungen im Dock

Im Dock finden Sie diese vier Icons vor:

Telefon

... startet die Telefonfunktionen. Hier legen Sie unter *Favoriten* die am häufigsten gebrauchten Rufnummern ab. Die *Anrufliste* zeigt verpasste und getätigte Anrufe an. Hinter *Kontakte* verbirgt sich Ihr Adressbuch, den *Ziffernblock* benötigen Sie zum Wählen einer Rufnummer. *Voicemail* ist der Anrufbeantworter.

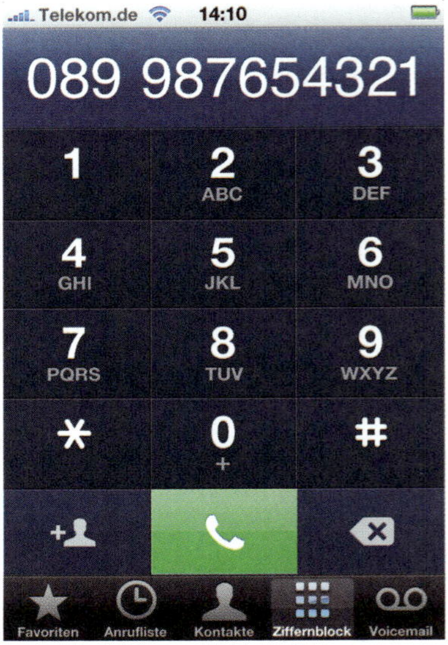

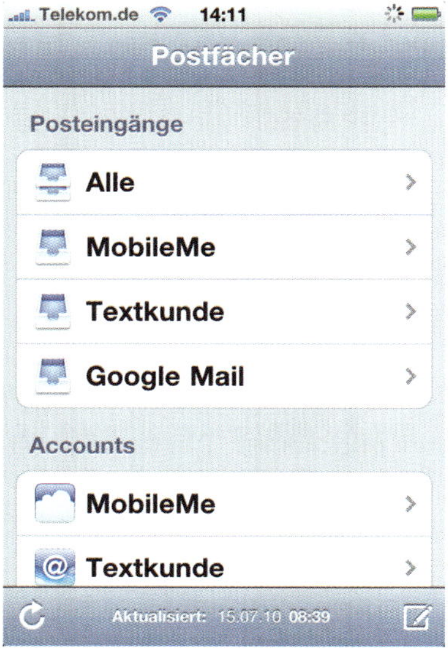

Mail

Hier sehen Sie eine Übersicht Ihrer *Postfächer*. Im Ordner *Alle* werden sämtliche Mails aller eingerichteten Mailkonten angezeigt. Neue, ungelesene Mails werden am Icon als rot-weiße Zahl angezeigt (wenn die Push-Funktion aktiviert ist).

Safari

Safari ist der Apple-eigene Browser zum Aufrufen von Internetseiten. An die Handhabung hat man sich schnell gewöhnt, auch wenn man auf dem Computer einen anderen Browser verwendet. Wer Safari nicht mag, findet im App Store etliche Alternativen: einfach mal *Browser* als Suchwort eingeben – allerdings findet man hier mit Ausnahme des Opera Mini nicht die gewohnten großen Namen der Webbrowser wie Mozilla Firefox, Google Chrome oder Internet Explorer.

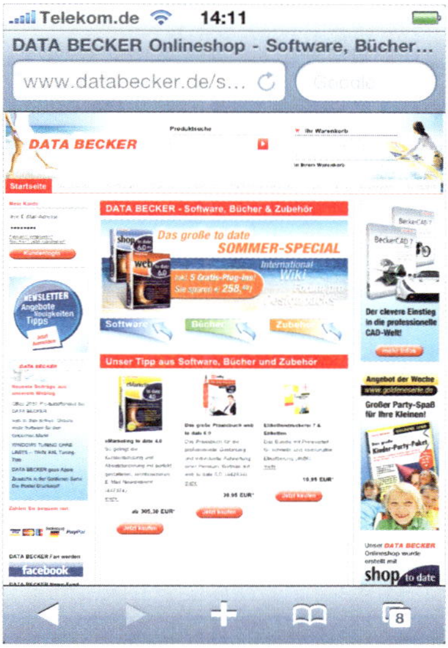

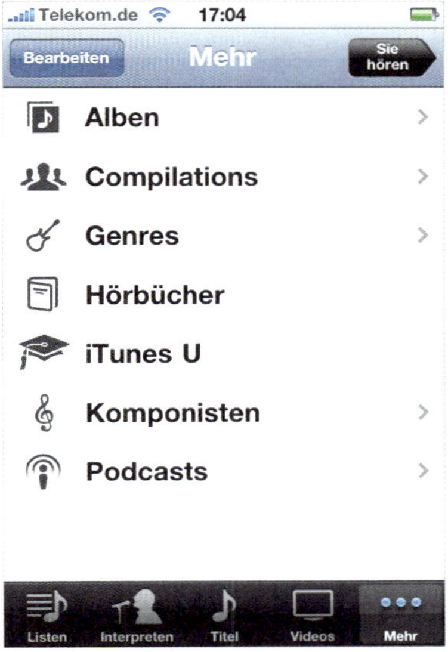

iPod

Der iPod spielt Ihre Musik, Hörbücher, Musikvideos, Spielfilme, TV-Serien und Podcasts ab. Sämtliche in iTunes erworbenen Medien werden über den iPod verwaltet und gesteuert. Das Besondere ist die Cover-Flow-Funktion, drehen Sie dazu das iPhone ins Querformat. Dabei sehen Sie alle Coverabbildungen von Musik oder Filmen. Blättern Sie mit dem Finger durch Ihre Mediensammlung. Ein Fingertipp auf das Bild zeigt Ihnen die Titelliste auf der Rückseite.

Symbole auf dem Startbildschirm verschieben und Ordner anlegen

Sobald Sie mehr als 16 App-Icons auf dem iPhone installiert haben, wird ein neuer Startbildschirm eingerichtet. Die kleinen grauen Punkte am unteren Bildrand verraten Ihnen die Anzahl Ihrer Bildschirme. Der aktuelle Bildschirm, auf den Sie blicken, ist mit einem weißen Punkt markiert.

Wollen Sie die Icons anders sortieren, halten Sie irgendein App-Icon länger gedrückt. Alle Icons fangen daraufhin an zu wackeln. Ein Fingertipp auf das schwarz-weiße Kreuz, und die App verschwindet. Sie werden noch aufgefordert, die App zu bewerten, was Sie allerdings ignorieren können.

Halten Sie Ihren Finger auf dem tanzenden Icon und verschieben Sie es. Sie können es auf einen anderen Startbildschirm ziehen und dort loslassen. Wenn Sie fertig sind, drücken Sie einmal die Home-Taste. Die Icons hören auf zu wackeln.

Bis zu elf Bildschirme kann man mit App-Icons belegen. Das macht bei 16 Icons pro Bildschirm rechnerisch 176 Apps. Mit Ordnern können Sie die Zahl auf bis zu 2.112 erhöhen. Bis zu 12 Icons können in einem Ordner gebündelt werden. Theoretisch können Sie jeden Platz auf den elf Bildschirmen mit einem Ordner belegen, so kämen Sie auf über 2.000 Apps.

Um einen Ordner anzulegen, ziehen Sie im „Wackelmodus“ das App-Icon auf ein zweites Icon. Dabei macht es Sinn, themenverwandete Apps, also alle Spiele, alle Musik-Apps und alle Navigations-Anwendungen in einem Ordner zu bündeln.

Sobald zwei App-Icons übereinander liegen, entsteht der Ordner, und das iPhone gibt ihm den Rubriknamen, aus der die Apps stammen. Sollte Ihnen der Namen nicht gefallen, tippen Sie auf das schwarz-weiße X und geben einen Wunschnamen ein. Sie können im Wackelmodus weitere Icons in den Ordner ziehen und fallen lassen. Erst ab dem 13. Icon nimmt der Ordner nichts mehr an. Ordner können Sie zwischen den Bildschirmen genauso hin und her bewegen wie App-Icons.

2.4 Die Multifunktionstaste Home

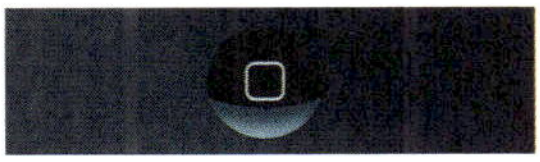

Die einzige Taste auf der iPhone-Vorderseite ist die Home-Taste. Sie hat eine leichte Vertiefung, sodass man sie fühlen kann, ohne hinzuschauen. Die Home-Taste vereint mehrere Funktionen.

Aus dem Stand-by holen

Ein leichter Druck, und das iPhone erwacht aus dem stromsparenden Stand-by. Den Schieberegler von links nach rechts entriegeln, und es kann losgehen.

Zurück zum Startbildschirm

Das iPhone hat bis zu elf Bildschirme mit App-Icons. Egal, auf welchem Bildschirm Sie sich befinden, ein Druck auf die Home-Taste führt Sie zum ersten Bildschirm.

App beenden

Egal, in welcher App Sie sich gerade befinden, die Home-Taste beendet die App und kehrt zum letzten Bildschirm zurück.

Multitasking

Ein schneller doppelter Druck auf die Home-Taste aktiviert das Multitasking. Dazu schiebt sich der Bildschirm mit den App-Icons nach oben, und es werden vier aktive Apps angezeigt. Ein Wisch nach links, und Sie sehen alle derzeit laufenden Apps. Tippen Sie auf ein Symbol, dann wechseln Sie zu dieser App.

Sie können aktive Apps auch schließen. Halten Sie ein Icon gedrückt, bis das rot-weiße Einfahrt-Verboten-Schild erscheint und die Icons wackeln. Ein Fingertipp auf das Schild schließt die App.

Wischen Sie in der Leiste nach rechts, sehen Sie die Audiosteuerung. Hier können Sie zum iPod wechseln. Läuft gerade ein Song, wird der Titel angezeigt. Mit den Knöpfen können Sie das Lied stoppen und im Album vor- oder zurückspringen.

Das Symbol ganz links steht nicht, wie man vermuten könnte, für die Endloswiedergabe eines Liedes. Ein Fingertipp auf den Kreis lässt die Darstellung im Hochformat einrasten. Normalerweise passt das iPhone die angezeigten Inhalte der iPhone-Haltung an. Sobald man das Gerät vom Hochformat (Porträt) ins Querformat (Landscape) bewegt, dreht sich das Fenster mit.

Eigentlich praktisch, außer, man möchte im Liegen etwas im Hochformat lesen. Ist die Taste aktiviert, sieht man ein Vorhängeschloss, als kleines Symbol ist das auch oben neben der Batterieanzeige zu sehen.

Will man die Sperre wieder aufheben, tippt man noch mal auf das Kreissymbol, und das Vorhängeschloss verschwindet.

Sprachsteuerung

Langes Drücken der Home-Taste startet die Sprachsteuerung.

Der Bildschirm wird blau und ein Gong signalisiert, dass das iPhone für einen gesprochenen Befehl bereit ist.

iPod-Steuerung

Für den Doppelklick auf die Home-Taste gibt es noch eine weitere Funktion, wenn der iPod aktiv ist. Wenn Sie mit Kopfhörern Musik hören, schaltet sich der Bildschirm nach einigen Minuten ab (*Einstellungen/Allgemein/Automatische Sperre*). Wenn Sie jetzt schnell das Lied unterbrechen oder ein Lied weiter springen wollen, dauert es einige Sekunden, bis Sie das iPhone wieder aktiviert haben. Schneller geht es mit dem doppelten Druck auf die Home-Taste. Der Bildschirm bleibt gesperrt. Nur die eingeblendeten Symbole für den iPod reagieren auf Ihren Finger (*Pause*, *Vor*, *Zurück*, *Lautstärke*).

Dreifachklick

Für den Dreifachklick auf die Home-Taste haben Sie unter *Einstellungen/Allgemein/Bedienungshilfen/Home-Dreifachklick* vier Optionen. Bei *Deaktiviert* passiert nichts, bei *Fragen* werden Ihnen nach dem Dreifachklick die übrigen Optionen angezeigt.

VoiceOver ein/aus ist eine Vorlesefunktion für sehbehinderte Nutzer. Das iPhone liest die Befehle auf den Knöpfen, aber auch Texte im Safari-Browser vor. Man kann sich damit auch Bücher vorlesen lassen (Seite 166).

In manchen Fällen lässt sich kleine weiße Schrift nicht gut lesen. Mit der vierten Option *Weiß auf schwarz ein/aus* drehen Sie die farbliche Darstellung um. Alles, was sonst weiß dargestellt wird, ist nun schwarz. Als dauerhafte Einstellung bietet sich das jedoch nicht an, denn der Bildschirm sieht aus wie ein Fotonegativ.

In den Bedienungshilfen finden Sie noch weitere Detaileinstellungen für das *VoiceOver*, *Zoomen* sowie *Großer Text*, der die Schriftröße in Mails, Nachrichten und Kontakten festlegt.

2.5 Leichter tippen

Für Menschen, die zuvor Texte mit einer Tastatur in ihr Handy eingegeben haben, ist die Bildschirmtastatur gewöhnungsbedürftig. Es fehlt der gefühlte Widerstand des Tastendrucks. Der Tastenton ist kein gleichwertiger Ersatz, meist stört er andere Leute in der Umgebung sogar (deaktivieren mit *Einstellungen/Töne/Tastaturanschläge*).

Doch mit etwas Übung kann man Mails, SMS und andere Texte auch auf dem iPhone flüssig tippen. Schon nach wenigen Tagen werden Sie Fortschritte bei der Genauigkeit und beim Tempo Ihrer Texteingabe feststellen. Hier noch einige Tipps, die das Tippen erleichtern:

Vervollständigung und Auto-Korrektur

Beim Tippen vervollständigt das Programm bekannte Wörter. Wenn Sie mit der Vervollständigung einverstanden sind, tippen Sie auf *Leerzeichen* und schreiben weiter. Wenn der Vorschlag keinen Sinn macht, tippen Sie auf das kleine *x* neben dem Vorschlag. Dann bleibt Ihr Wort unverändert. Praktisch ist diese Funktion besonders bei Wörtern mit Umlauten, aus einem „fur“ macht das iPhone automatisch ein „für“.

Ist ein Wort falsch geschrieben, unterstreicht das Progamm das Wort. Mit einem kurzen Fingertipp darauf rufen Sie Korrekturvorschläge auf. Mit einem weiteren Fingertipp wählen Sie die korrekte Schreibweise aus oder müssen das Wort manuell verbessern. Das iPhone ist lernfähig. Häufig genutzte Korrekturen bzw. Wörter merkt es sich und vervollständigt sie beim weiteren Gebrauch automatisch.

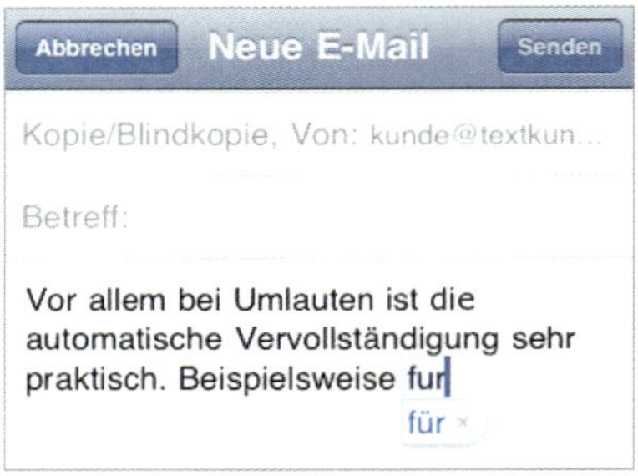

Auto-Korrektur deaktivieren

Wer viele Fachbegriffe verwendet oder das Gefühl hat, die Auto-Korrektur ist eher hinderlich als hilfreich, kann sie deaktivieren. Unter *Einstellungen/Allgemein/Tastatur* ist es der erste Schieberegler. Geben Sie der Auto-Korrektur anfänglich eine Chance, denn sie lernt mit Ihren Eingaben und wird immer besser.

An dieser Stelle in den *Einstellungen* können Sie das Verhalten der Tastatur noch weiter an Ihre Schreibgewohnheiten anpassen.

Auto-Großschreibung sorgt dafür, dass jedes Wort am Satzanfang mit einem Großbuchstaben beginnt. Außerdem wird jedes Wort im Satz, das als Substantiv erkannt wird, groß geschrieben.

Wollen Sie ganze Sätze oder Wörter in Großbuchstaben schreiben, muss die Option *Feststelltaste* in den *Einstellungen* aktiviert sein. Normalerweise wird nach dem Tippen auf den Pfeil nach oben (Shift-Taste) nur ein Buchstabe großgeschrieben. Die dauerhafte Großschreibung aktivieren Sie auf der Tastatur mit einem Doppeltipp auf die Shift-Taste. Sie wird daraufhin blau. Noch ein Tipp auf die Shift-Taste, und die Funktion ist wieder deaktiviert.

Hinter *„.“-Kurzbefehl* verbirgt sich eine sehr praktische Funktion für schnelleres Schreiben. Tippen Sie am Satzende zweimal kurz hintereinander auf die Leertaste, damit werden ein Punkt und ein Leerzeichen eingefügt. Dann kann es mit dem nächsten Satz weitergehen.

Die Option *Internationale Tastaturen* ist für Menschen praktisch, die häufig in einer zweiten Sprache schreiben. So kann man hier beispielsweise eine Tastatur für Englisch hinzufügen. Dabei hat man die Wahl, ob das Tastaturlayout QWETY, QWERTZ oder AZERTY (erste Buchstabenzeile) sein soll.

Beim Tippen wechselt man zwischen den Sprachen, indem man auf das Globussymbol unten links neben der Leerzeichen-Taste tippt.

So finden Sie die Umlaute

Halten Sie Ihren Finger einfach länger auf dem Vokal [a], [o] oder [u]. Es erscheinen diverse Sonderzeichen, an erster Position der entsprechende Umlaut. Fahren Sie mit Ihrem Finger in Richtung [ä] und lassen Sie den Bildschirm erst los, wenn der Buchstabe blau hinterlegt ist. Das [ß] finden Sie als doppelte Belegung auf dem [s].

Größere Tasten: Tippen im Querformat

Drehen Sie Ihr iPhone ins Querformat dreht sich die Tastatur mit. Der große Vorteil: Die einzelnen Tasten werden größer dargestellt, weil sie nun mehr Platz haben. Das erhöht beim Tippen die Treffergenauigkeit. Geübte Nutzer können nun sogar mit beiden Daumen tippen und sind deutlich schneller.

Satzzeichen schneller setzen

Wer ein Komma oder einen Punkt setzen möchte, muss auf die Taste [123] klicken, das Satzzeichen auswählen und kommt dann mit der Taste [ABC] wieder zurück zu den Buchstaben. Das bremst den Fluss beim Schreiben. Schneller geht es, die Taste [123] gedrückt zu halten und, ohne den Finger abzusetzen, zum Komma zu schieben. Beim Komma können Sie dann loslassen. Das Satzzeichen wird gesetzt, und die Tastatur springt automatisch zu den Buchstaben zurück.

Beim Tippen nicht gegen Hindernisse laufen

Wer Mails beim Gehen tippt, läuft Gefahr, gegen Mitmenschen oder Straßenlaternen zu laufen. Findige Entwickler haben dafür eine Lösung: Die Frontkamera zeigt Ihnen beim Tippen an, wohin Sie gehen. Das Kamerabild wird unter das Textfenster der Mail gelegt. Diese Funktion bieten unter anderem die Apps *Email'n Walk* (0,79 Euro), *Type'n walk* (0,79 Euro) sowie *iType to Go Pro* (1,59 Euro).

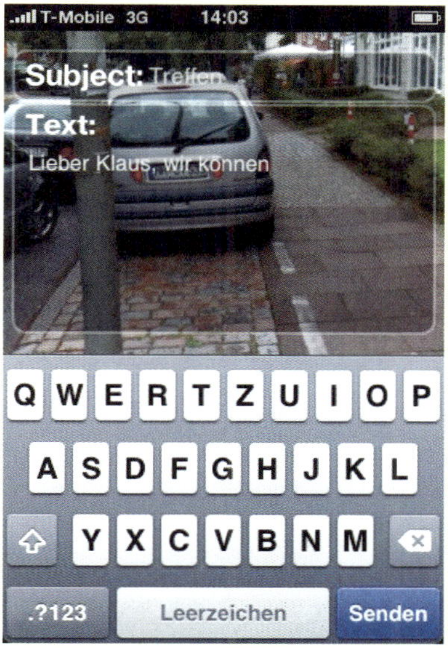

2.6 Geniale Suchfunktion: mit Spotlight alles finden

Apple-Nutzer kennen die Suchfunktion von ihrem Mac, PC-Nutzer werden sie lieben: Spotlight, der Suchscheinwerfer, findet alles, weil er gleichzeitig in Mails, Kalendereinträgen, Apps, Notizen und Musikstücken sucht. Sie können diese Suche auf Wunsch einschränken und priorisieren.

In den *Einstellungen/Allgemein/Spotlight-Suche* entfernen Sie das Häkchen bei Kategorien, die nicht durchsucht werden sollen.

Längeres Festhalten der drei Linien rechts neben der Kategorie ermöglicht ein Verschieben. Steht die Kategorie weiter oben, wird hier zuerst gesucht.

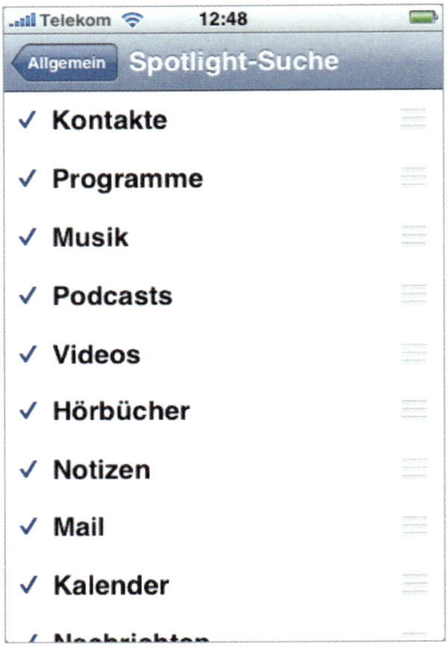

Ein kleines Lupensymbol unten auf dem Startbildschirm zeigt Spotlight an. Es liegt zwischen den 16 App-Icons und dem Dock, links neben den grauen Punkten. Zum Start wischen Sie mit dem Finger einfach von links nach rechts, bis es nicht mehr weitergeht. Es öffnet sich das Textfeld zur Eingabe des Suchwortes. Mit der Eingabe eines jeden weiteren Buchstabens wird die Trefferliste weiter eingeschränkt.

2.7 Die Sprachsteuerung sinnvoll einsetzen

Das iPhone hört auf Ihr Wort – und mit ein wenig Übung klappt das erstaunlich gut. Die Sprachsteuerung unterstützt Sie sowohl bei der Telefonfunktion als auch bei der Musikwiedergabe. Halten Sie die Home-Taste so lange gedrückt, bis *Sprachsteuerung* auf dem Bildschirm erscheint und ein Gong Aufnahmebereitschaft signalisiert. Auf dem blauen Hintergrund laufen mögliche Befehle durch das Bild: *Spiel Album, Spiel Interpret, Wähl Nummer.*

Für einen Anruf sollten Sie möglichst deutlich den Vor- und Nachnamen aussprechen, so wie er unter *Kontakte* abgelegt ist. Als Zusatz sollten Sie noch „mobil“ oder „privat“ sagen, um die richtige Nummer wählen zu lassen. Findet das iPhone nicht auf Anhieb den richtigen Eintrag, wird eine Auswahl möglicher Treffer angezeigt, die man manuell auswählen kann. Oder Sie korrigieren die Auswahl mit einem Sprachbefehl (siehe Tabelle auf der nächsten Seite). Wenn Sie eine Rufnummer ansagen, sprechen Sie die Ziffern einzeln aus.

Musiktitel zielsicherer treffen

Bei Musiktiteln sollten Sie auch englische Namen und Titel möglichst deutsch aussprechen. Die Spracherkennung lernt allerdings durch häufige Nutzung hinzu und wird immer besser. Sie können die Sprachsteuerung unter *Einstellungen/Allgemein/Landeseinstellungen/Sprachstrg.* auf eine andere Sprache als Deutsch einstellen.

Die Sprachsteuerung funktioniert sowohl direkt am Telefon als auch mit dem mitgelieferten Kopfhörerkabel sowie Bluetooth-Headsets. Wenn man die Hände nicht frei hat, kann das iPhone in der Tasche bleiben. Mit der Sprachwahl können Sie trotzdem einen Anruf starten oder den Interpreten bei der Musikwiedergabe wechseln.

Befehl	Umsetzung/Beispiel
Telefon	
Wählen (Name)	Wählen Hans Müller
Wählen (Nummer)	Wählen 089/12345678
Anrufen (Name) (Anschlussart)	Anrufen Marina Schmidt Büro
Falsch; Dieser nicht; Nicht diese; Nein	Auswahl einschränken/ korrigieren
iPod/Musik	
Spielen; Spiel Album; Spiel Liste	Wiedergabe
Spielen Jason Mraz	Wiedergabe bestimmter Künstler, Alben oder Wiedergabelisten
Musik spielen	Wiedergabe
Zufällig; Shuffle	Zufallswiedergabe
Pause; Musik anhalten; Abbrechen	Unterbricht die Wiedergabe
Nächster Titel, vorheriger Titel	Vor, zurück
Welcher Titel wird gespielt?; Wer singt dieses Lied? Wie heißt der Song?	Ansage des Titels bzw. Interpreten
Genius	Startet die Genius-Funktion
Ähnliche Lieder spielen	Startet die Genius-Funktion
Wie viel Uhr ist es?	Sagt die Zeit an
Abbrechen, Stopp	Beendet die Sprachsteuerung

2.8 Copy & Paste von Inhalten

Die Kopierfunktion im iPhone ist praktisch, wenn man eine Rufnummer aus einer SMS ins Adressbuch übertragen oder Teile einer Webseite in eine Mail kopieren möchte.

Egal in welcher Anwendung, die Copy & Paste-Funktion ist immer identisch. Legen Sie Ihren Finger auf die entsprechende Stelle, es erscheint die Lupe und kurz danach die Option *Auswählen/Alles. Alles* markiert den gesamten Text. *Auswählen* setzt eine Anfangs- und Endmarke in Form einer blauen Stecknadel. Die kann man jeweils mit dem Finger an die gewünschte Stelle schieben und so den Text eingrenzen.

Finger auf der Telefonnummer halten, mit den blauen Punkten markieren und dann auf Kopieren tippen.

Tippen Sie auf *Kopieren*, wird der Text in der Zwischenablage gespeichert. Nun wechseln Sie zur Mail oder SMS und dort tippen Sie mit dem Finger an die gewünschte Einfügestelle. Nach der Lupe erscheint *Einsetzen*. Tippen Sie den Befehl an, und der kopierte Inhalt erscheint.

Die Funktion ist sehr praktisch bei Rufnummern. Sollte sich eine Telefonnummer auf einer Webseite oder aus einer Mail nicht direkt anwählen lassen, kann man sie in den Ziffernblock der Telefonfunktion kopieren. Beispielsweise wird die Klammer bei +49 (0)89 678 987 automatisch im Ziffernblock entfernt, aber die Null der Vorwahl lässt sich nicht entfernen. Man kann leider im Ziffernblock den Cursor nicht an eine gewünschte Stelle setzen. Hier hilft nur ein Zwischenschritt über die *Notizen*. Man kopiert die Rufnummer in eine leere Notiz und kann hier die Null löschen. Die Rufnummer lässt sich jetzt in den Ziffernblock kopieren und wählen.

2.9 Flugmodus: schnell alles abklemmen

Wann dieser Modus besonders nützlich ist, sagt schon der Name. Aber auch bei anderen Gelegenheiten kann es praktisch sein, mit einem Wisch die Datenübertragung per Mobilfunk und WLAN zu unterbinden. Darum ist der Flugmodus auch gleich der erste Eintrag in den *Einstellungen*.

Wenn beispielsweise in Ihrer Umgebung schlechter bis kein Mobilfunkempfang ist und auch ein HotSpot fehlt, kann man den Flugmodus aktivieren, um die Akkulaufzeit zu verlängern. Bei schlechtem Empfang arbeitet das iPhone nämlich mit voller Sendeleistung. Wer eine Weile auf Mails und Anrufe verzichten kann, hat so mehr von seiner Akkuladung.

Im Flugmodus lassen sich trotzdem Spiele spielen, Musik hören oder heruntergeladene Texte lesen. Sobald eine App den Zugriff auf einen Server benötigt, werden Sie als Nutzer gefragt, ob der Flugmodus deaktiviert werden soll.

Einige Docking-Stations erzwingen den Flugzeugmodus. Das sind Musikanlagen, die hauptsächlich aus Lautsprechern bestehen und Musik aus dem iPod wiedergeben. Der Grund für den erzwungenen Flugmodus sind Audiointerferenzen, also das unangenehme Brummen im Lautsprecher, wenn das iPhone Daten mit dem Mobilfunknetz austauscht.

Der Flugzeugmodus unterdrückt dies, Sie können währenddessen aber auch keine Telefonate annehmen. Darum sollten Sie bei der Anschaffung von Zubehör auf die Logos „Made for iPod“ und „Works with iPhone“ achten. Die iPod-Variante funktioniert in der Regel auch reibungslos mit dem iPhone und dann brummt nichts mehr in den Boxen, und Anrufe werden signalisiert.

3. Das Telefon

Das iPhone ist ein sehr praktisches Telefon: Sie können mit dem Smartphone wie gewohnt am Ohr telefonieren, es in der Tasche lassen und den mitgelieferten Kopfhörer nutzen oder das Gerät mit der eingebauten Freisprecheinrichtung vor sich legen und während des Gesprächs andere Anwendungen nutzen.

3.1 Ausgehende Anrufe

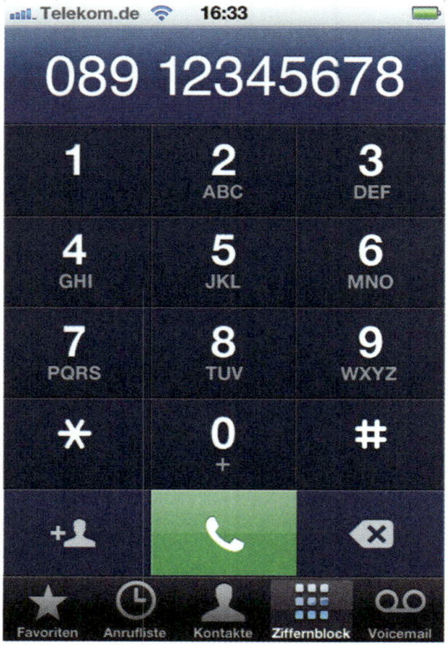

Unter *Telefon/Ziffernblock* starten Sie Ihren ersten Anruf. Geben Sie dazu die Rufnummer mit Vorwahl ein und tippen Sie auf den grün-weißen Hörer. Die Verbindung wird hergestellt.

Sobald Sie das iPhone ans Ohr nehmen, schaltet sich der Bildschirm über einen Umgebungslichtsensor ab. Damit wird verhindert, dass Sie beim Telefonieren mit dem Ohr versehentlich Befehle eintippen.

Stehen Telefonnummern in Mails, SMS oder auf Webseiten im richtigen Format, also Vorwahl/Rufnummer, können Sie mit einem Tipp auf die Nummer einen Anruf starten.

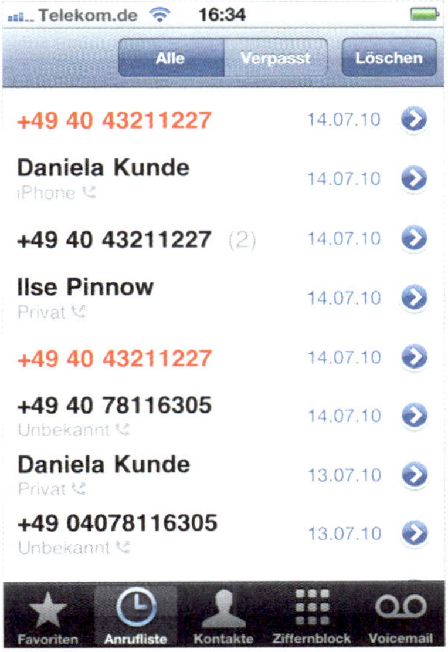

Gewählte Nummern abspeichern und mit Foto versehen

Nach einem Gespräch sehen Sie in der *Anrufliste* alle getätigten und angenommenen Telefonate in Schwarz und alle verpassten Anrufe in Rot. Tippen Sie auf den blau-weißen Pfeil rechts neben der Nummer, die Sie speichern möchten. Wählen Sie *Neuen Kontakt erstellen*. Neben der Rufnummer fügen Sie hier sämtliche Kontaktdaten der Person ein – Adresse, Webseite,

Geburtstag – und wählen den Klingelton aus, der Ihnen akustisch signalisiert, wer anruft.

Wenn Sie auch sehen möchten, wer anruft, fügen Sie ein Foto der Person zum Adresseintrag hinzu. Sie können ein Foto aus dem vorhandenen Album wählen oder beim nächsten Treffen ein Foto aufnehmen. Position und Größe des Bildausschnitts bestimmen Sie mit zwei Fingern.

Jemanden aus den Kontakten anrufen

Wenn Sie bereits Adressen bei der Aktivierung synchronisiert haben, finden Sie diese unter *Kontakte*. Schieben Sie die alphabetische Liste mit dem Finger rauf und runter.

Bei vielen Adresseinträgen dauert das zu lange. Tippen Sie rechts auf den Anfangsbuchstaben, die Liste springt dorthin. Über dem *A* ist eine Lupe abgebildet, sie steht für die Suchfunktion. Bei der Buchstabeneingabe werden passende Treffer angezeigt.

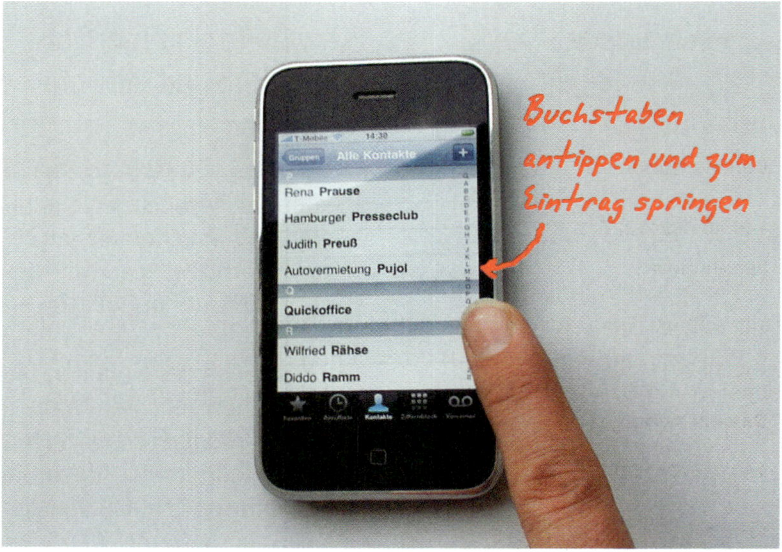

Tippen Sie auf einen Namen in der Liste, sehen Sie sämtliche Einträge für diese Person. Ein Tipp auf die gewünschte Nummer, und das iPhone stellt die Verbindung her.

Wichtige Nummern als Favoriten ablegen

Häufig gebrauchte Nummern speichern Sie als Favoriteneinträge. Tippen Sie bei *Favoriten* oben rechts auf das Plus und wählen Sie eine Nummer aus dem Adressverzeichnis. Sobald Sie diese antippen, wird sie bei den Favoriten gespeichert.

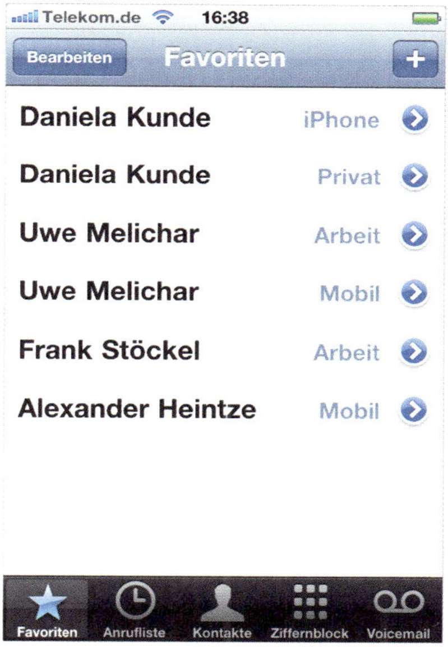

Allerdings muss jede Rufnummer einzeln abgelegt werden. Wollen Sie also Handy-, Büro- und Privatnummer einer Person als Favorit ablegen, benötigen Sie drei Einträge.

Anrufen per Sprachsteuerung

Die Sprachsteuerung aktivieren Sie durch längeres Drücken auf die Home-Taste. Der Bildschirm wird blau, mögliche Sprachbefehle laufen im Hintergrund über den Bildschirm, und ein akustisches Signal signalisiert die Bereitschaft für einen gesprochenen Befehl (Tabelle mit Sprachbefehlen siehe Seite 68).

Sprechen Sie laut und deutlich den Namen des gewünschten Kontakts, also zum Beispiel „Katja Kurz mobil“, in das Mikrofon. Wenn das iPhone Sie nicht richtig verstanden hat oder mehrere Rufnummereinträge infrage kommen, nennt Ihnen die Stimme mögliche Optionen. Die können Sie dann per Sprachbefehl auswählen. Haben Sie Ihre Wahl getroffen, wählt das iPhone die Nummer.

Die Sprachsteuerung funktioniert auch mit einem Kopfhörer oder Bluetooth-Headset. Sie können sie auch zur Steuerung der iPod-Funktion, also für die Wiedergabe von Musik verwenden.

Tasten am Kopfhörer

Der mitgelieferte Kopfhörer verfügt über ein Mikrofon fürs Freisprechen. Auf dem kleinen weißen Kästchen finden Sie noch drei Tasten. Plus und Minus sind für die Lautstärke. Wenn Sie in der Mitte einmal drücken, pausiert die Musikwiedergabe. Ein schneller Doppeltipp und der nächste Titel startet. Die Steuerung am Kopfhörerkabel funktioniert deutlich schneller als mit der Sprachsteuerung oder über den Bildschirm.

Kopfhörer und Bluetooth-Headsets nutzen

Kopfhörer mit Kabel oder kabellose Headsets bieten zwei Vorteile: Sie können bei Telefonaten auf den Bildschirm schauen und halten das iPhone vom Körper entfernt.

Ganz unabhängig von der Diskussion über die Schädlichkeit von Handystrahlung erwärmt das iPhone mit seiner Sendeleistung menschliches Gewebe. Dabei gilt: je schlechter der Mobilfunkempfang, desto stärker die Sendeleistung. Die Wärmeentwicklung spüren Sie, wenn Sie ein längeres Telefonat mit Handy am Ohr führen. Wer das unangenehm findet, sollte den mitgelieferten Kopfhörer oder ein Bluetooth-Headset nutzen.

Mit derartigem Zubehör können Sie während eines Telefonats Termine im Kalender oder eine Rufnummer nachschlagen. Tippen Sie auf die Home-Taste, es erscheint der gewohnte Startbildschirm. Ganz oben signalisiert eine grüne Leiste, dass der Anruf gehalten wird. Der Gesprächspartner hört Sie, und Sie sprechen einfach weiter. Zum Telefonmenü gelangen Sie mit einem Tipp auf die grüne Leiste zurück.

Freisprecheinrichtung

Tippen Sie im Telefonmenü auf *Lautsprecher*. Damit aktivieren Sie die Freisprecheinrichtung. Nun können Sie das iPhone vor sich ablegen und haben die Hände frei. Allerdings empfinden die meisten Gesprächspartner die Tonqualität als schlecht.

3.2 Eingehende Anrufe

Wird die Nummer des Anrufers erkannt, hören Sie den Klingelton, den Sie dem Anrufer in den *Kontakten* zugewiesen haben. Ist dort ein Bild hinterlegt, wird dieses angezeigt. Ist die Rufnummer des Anrufers unterdrückt, spielt das iPhone den Standardklingelton (*Einstellungen/Töne/Klingeltöne*). Außerdem spüren Sie eine Vibration des Smartphones, sofern diese Funktion nicht deaktiviert ist (*Einstellungen/Töne/Vibrieren*).

Ist der Anrufer im Adressbuch (Kontakte), werden Anschlussart und Foto beim Anruf angezeigt.

Anruf annehmen oder auf AB umleiten

Ist das iPhone bei einem eingehenden Anruf im Stand-by, wischen Sie zum Annehmen den Riegel nach rechts. Ansonsten tippen Sie auf *Annehmen*.

Wollen Sie nicht mit dem Anrufer sprechen, tippen Sie auf *Ablehnen*. Der Anruf wird daraufhin auf den Anrufbeantworter umgeleitet. Im Stand-by drücken Sie zweimal kurz auf den An-/Ausschalter, und der Anruf landet ebenfalls auf dem Anrufbeantworter. Wie Sie Ihren Anrufbeantworter (Visual Voicemail) mit einer individuellen Ansage versehen, lesen Sie auf Seite 83.

Falls Sie gerade mit dem Kopfhörer Musik hören und währenddessen ein Anruf kommt, können Sie ihn mit einem Druck auf den Schalter am Mikrofon annehmen. Die Musik wird ausgeblendet, und Sie können sprechen. Wollen Sie das Gespräch beenden, drücken Sie noch einmal. Die Musikwiedergabe startet genau an der Stelle, an der sie unterbrochen wurde.

Wollen Sie den Anruf beim Musikhören nicht annehmen, halten Sie den Schalter am Mikrofon für etwa zwei Sekunden gedrückt. Sie hören zwei Pieptöne, die Ihnen signalisieren, dass der Anruf auf den Anrufbeantworter umgeleitet wurde.

Verpasste Anrufe

Verpasste Anrufe werden im Dock bei *Telefon* mit einer rot-weißen Zahl angezeigt. Details dazu stehen in der Anrufliste. Hat der Anrufer eine Nachricht hinterlassen, sehen Sie bei *Mail* eine rot-weiße Zahl.

Sobald Sie sich unter *Telefon* die *Anrufliste* oder bei *Mail* die Nachrichtenmeldung angeschaut haben, verschwindet die Zahl aus dem Dock.

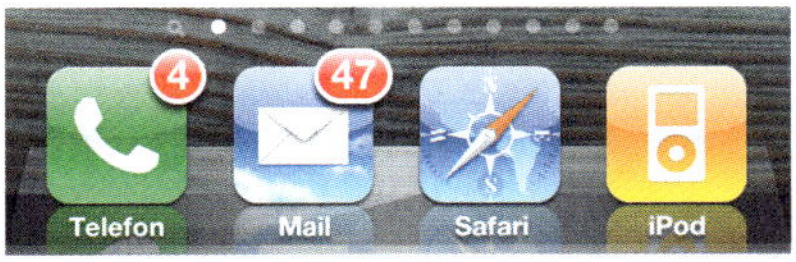

Klingelton schnell abschalten

Wenn Sie Anrufe zwar über den Vibrationsalarm mitbekommen möchten, aber niemand den Klingelton hören soll, legen Sie den Kippschalter am linken oberen Rand so um, dass die rote Markierung zu sehen ist. Die Stummschaltung wird beim Ein- oder Ausschalten auch auf dem Bildschirm mit einem Glockensymbol angezeigt.

Den Klingelton können Sie auch während eines ankommenden Anrufs mit dem Kippschalter ausschalten, falls ein Anruf mal ungelegen kommt.

Einen zweiten Anruf annehmen

Um einen zweiten Anruf annehmen zu können, müssen Sie unter *Einstellungen/Telefon Anklopfen/Makeln* aktiviert haben. Sonst hört der zweite Anrufer ein Besetzzeichen.

Sie hören während des Gesprächs ein akustisches Signal, wenn ein zweiter Anrufer mit Ihnen sprechen möchte. Zum Annehmen tippen Sie auf *Ende + Neuer Anruf*. Damit ist das erste Gespräch beendet, und Sie sprechen mit dem zweiten Anrufer.

Sie können aber auch den ersten Anrufer mit *Halten + Neuer Anruf* in die Warteschleife schalten. Er oder sie hört dann eine Ansage, dass der Anruf gehalten wird. Mit *Tauschen* wechseln Sie zwischen den Gesprächspartnern oder Sie tippen auf *Konferenz* und sprechen mit beiden gleichzeitig.

Wenn Sie das Gespräch nicht annehmen möchten, tippen Sie auf *Keine Aktion*, dann wird der Anruf zum Anrufbeantworter umgeleitet.

Damit Sie das iPhone zwischendurch nicht immer wieder ans Ohr halten müssen, empfiehlt sich hierfür, aber auch für Telefonkonferenzen der Einsatz des Kopfhörers oder eines kabellosen Bluetooth-Headsets. Dann können Sie sprechen und blicken auf den Bildschirm.

Telefonkonferenzen

Starten Sie Ihren Anruf. Wenn der erste Gesprächspartner dran ist, tippen Sie auf *Anruf hinzufügen*. Nun wählen Sie eine zweite Rufnummer aus den *Kontakten* oder geben über den *Ziffernblock* eine Nummer ein.

Der erste Anrufer hört eine Wartemusik und eine Stimme, die ihn bittet, in der Leitung zu bleiben. Ist die zweite Verbindung aufgebaut, tippen Sie auf *Konferenz* und sprechen nun zu dritt. Sie können bis zu fünf Gesprächspartner hinzufügen.

Mit einem Tipp auf einen Namen/eine Nummer können Sie die Verbindung beenden und die andere weiterführen.

Während eines Anrufs hat man diese sechs Menüpunkte zur Auswahl.

3.3 Verpasste Anrufe besser verwalten

Sämtliche ein- und ausgegangenen Anrufe sind in der Anrufliste gespeichert. Wollen Sie nur die verpassten sehen, tippen Sie in der Anrufliste oben auf *Verpasst*.

Hat der Anrufer eine Nachricht hinterlassen, sehen Sie unten im Dock eine rot-weiße Zahl bei *Voicemail*. Das Besondere an dem iPhone-Anrufbeantworter ist die sogenannte Visual Voicemail-Funktion: Hier sehen Sie direkt, wer eine Nachricht hinterlassen hat (vorausgesetzt die Nummer steht in den *Kontakten*). Sie müssen die Nachrichten nicht chronologisch abhören, sondern können zuerst diejenige abrufen, die Ihnen am wichtigsten ist.

Ein blauer Fortschrittsbalken zeigt die Wiedergabe der Nachricht an. Wenn Sie eine Passage noch mal hören möchten, schieben Sie den Wiedergabepunkt mit dem Finger vor oder zurück. Neben dem Namen des Anrufers sehen Sie ein Pause- oder Play-Zeichen.

Der Anrufbeantworter zeigt die Namen der Anrufer an, sofern diese im Adressbuch hinterlegt sind.

Wollen Sie den Anrufer direkt zurückrufen, genügt ein Fingertipp auf *Anrufen*. Ein Fingertipp auf *Löschen* entfernt die Nachricht, doch sie ist noch nicht endgültig gelöscht. Sie liegt jetzt unter dem Eintrag *Gelöschte Sprachnachrichten* bei Voicemail. Sie können die Nachricht mit *Widerrufen* wiederherstellen oder mit *Alle entfernen* endgültig löschen.

Visual Voicemail einrichten

Um es Anrufern zu erleichtern, eine Nachricht zu hinterlassen, sollten Sie eine persönliche Begrüßung aufsprechen. Tippen Sie dazu oben links bei *Voicemail* auf *Begrüßung*. Der Haken steht auf *Standard*, Sie tippen nun jedoch auf *Eigene*. Tippen Sie jetzt auf *Aufnehmen* und sprechen Sie Ihren Text. Den können Sie so oft aufnehmen, bis er Ihnen zusagt. Tippen Sie auf *Sichern*, und die Anrufer hören beim nächsten Mal, wenn Sie das Gespräch nicht annehmen, wenigstens Ihre Stimme.

Anruflisten ansehen und bearbeiten

Tippen Sie auf *Telefon/Anrufliste,* um angenommene oder verpasste Anrufe anzusehen. In der oberen Menüleiste wählen Sie aus, ob Sie *Alle* oder nur *Verpasste* Anrufe sehen möchten. Mit *Löschen* entfernen Sie nach einer Bestätigung alle Einträge. Selektive Löschungen sind nicht möglich.

Angenommene Anrufe werden in Schwarz angezeigt, verpasste in Rot. Ein Fingertipp auf den Eintrag startet einen Anruf zu dieser Nummer. Ist die Rufnummer in Ihren *Kontakten* verzeichnet, wird auch *Privat, Mobil* oder *Büro* angezeigt.

Anrufe des Tages sehen Sie mit Uhrzeit, weiter zurückliegende Anrufe werden mit dem Wochentag angezeigt.

Ein Fingertipp rechts auf den blau-weißen Pfeil öffnet eine Detailansicht. Sie sehen, um welche Uhrzeit, an welchem Tag und von welcher Rufnummer angerufen wurde. Außerdem können Sie über *Bearbeiten* die Rufnummer in Ihren Kontakten speichern, dem Anrufer eine SMS senden (*Nachricht*), den *Kontakt senden* (VCF-Karte per Mail) oder die Nummer *Zu Favoriten* hinzufügen.

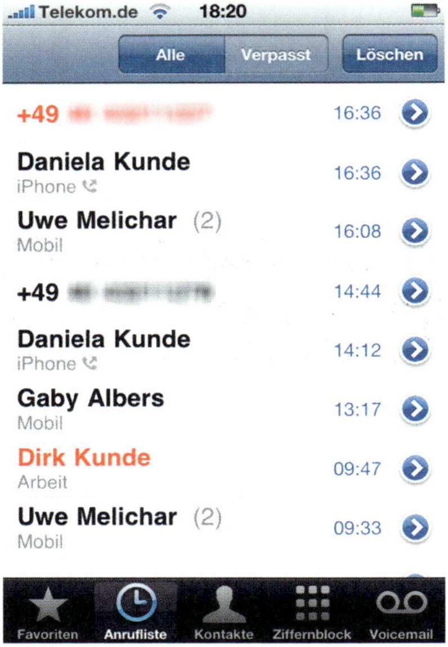

3.4 Das Telefon an Ihre Wünsche anpassen

Das Verhalten des Telefons passen Sie unter *Einstellungen/Telefon* Ihren Bedürfnissen an. Sie legen fest, ob ein zweiter Anrufer anklopfen darf, wohin Ihre Anrufe weitergeleitet werden und ob Angerufene Ihre Rufnummer sehen sollen.

Anrufe weiterleiten, anklopfen und Rufnummernübertragung

Unter *Einstellungen/Telefon/Rufweiterleitung* können Sie einen Anruf auf einen anderen Anschluss umleiten. Dazu aktivieren Sie die Weiterleitung und geben die Rufnummer mit Vorwahl ein. Alle Gespräche werden nun direkt umgeleitet.

In derselben Rubrik können Sie die Funktion *Anklopfen/Makeln* deaktivieren. Das Anklopfen ist ein akustisches Zeichen, wenn Sie während eines Telefonats einen zweiten Anruf erhalten. Beim Makeln können Sie zwischen zwei Telefonaten hin und her wechseln.

Bei jedem Anruf wird Ihre eigene Rufnummer übermittelt. Wenn Sie das nicht wollen, deaktivieren Sie diese Option unter *Einstellungen/Telefon/Meine Rufnummer senden.*

Wichtigen Personen eigene Klingeltöne zuweisen

Weisen Sie den wichtigsten Personen in Ihren Kontakten eigene Klingeltöne zu, sodass Sie sofort hören, wer anruft. Tippen Sie dazu im *Telefon* auf *Kontakte* und dann auf den Namen.

Direkt unter dem ersten Nummernblock steht der aktive *Klingelton*. Durch Antippen weisen Sie der betreffenden Person einen eigenen Klingelton zu.

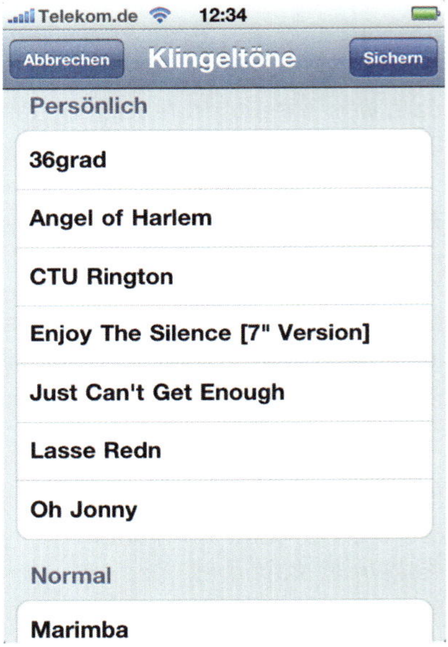

Klingeltöne einfach selber machen

Natürlich können Sie Klingeltöne bei iTunes kaufen, es geht jedoch auch günstiger. Nutzen Sie dazu Ihre eigene Musiksammlung.

1 Wählen Sie ein Lied in iTunes aus. Rufen Sie mit der rechten Maustaste das Kontextmenü auf. Klicken Sie auf *Informationen/Optionen*. Hier wählen Sie die Zeiten für *Starten bei* und *Stoppen bei*. Am besten eignet sich der Refrain oder ein Instrumentalsolo für einen Klingelton, die ausgewählte Sequenz darf jedoch nicht länger als 30 Sekunden sein. Bestätigen Sie mit *OK*.

2 Klicken Sie im Kontextmenü auf *AAC-Version erstellen*. iTunes macht eine Kopie, des 30-Sekunden-Ausschnitts.

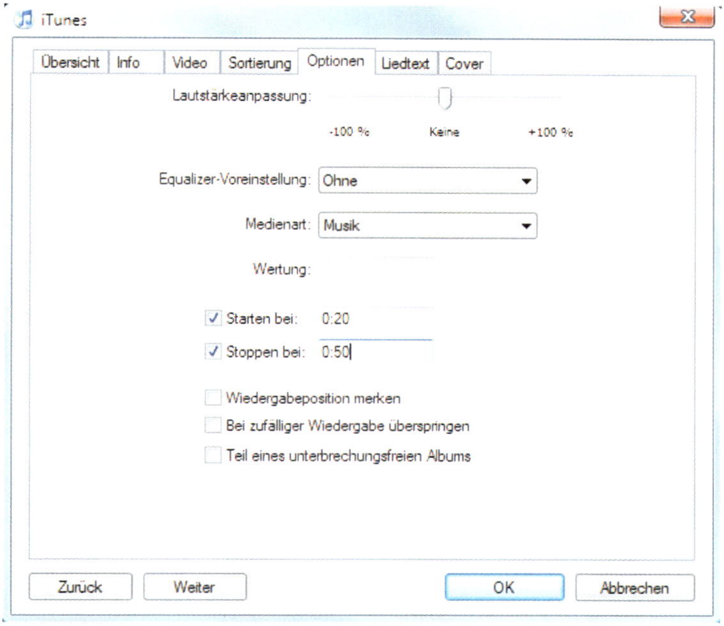

30 Sekunden in einem Lied für den Klingelton markieren.

3 Kopieren Sie die 30-Sekunden-Version des Songs mit dem Datei-Manager in einen Ordner *Klingelton* unter *Musik/iTunes* auf Ihrer Festplatte. Die Datei endet mit *.m4a*, daraus müssen Sie*.m4r* (**R** für Ringtone) machen. Es ist das Format für einen Klingelton. Sie können die Dateiendung einfach umbenennen. Sollten Sie die Endung in Ihrem Windows-Dateimanager (Explorer) nicht sehen, müssen Sie unter *Organisieren/Datei- und Suchoptionen/Ansicht* das Häkchen bei *Erweiterungen bei bekannten Dateitypen ausblenden* deaktivieren.

4 Im letzten Schritt fügen Sie den Klingelton Ihrer Mediathek hinzu. Das geht am einfachsten, wenn Sie die Datei mit der Maus ins geöffnete iTunes ziehen und über der *Mediathek* fallen lassen. Das Programm erkennt das *m4r*-Format und zeigt den Titel unter *Klingeltöne* an.

5 Beim nächsten Synchronisieren wählen Sie in iTunes unter *Geräte/iPhone* das Register *Klingeltöne* aus und aktivieren das Kästchen. Dann können Sie das Lied einer Person als Klingelton auf dem iPhone zuweisen.

Zeitliche Begrenzung wieder aufheben

Beim Ausgangslied für den Klingelton müssen Sie noch die zeitliche Begrenzung von 30 Sekunden wieder aufheben. Ansonsten hören Sie zukünftig bei der Wiedergabe nur noch diese halbe Minute.

Eine detaillierte Beschreibung zum Erstellen von Klingeltönen in acht Schritten finden Sie hier: *www.iphone-fan.de/in-acht-schritten-klingeltone-selber-machen*.

Sprachaufnahme als Klingelton

Sie können auch einen gesprochenen Satz Ihres Liebsten/Ihrer Liebsten, das Lachen Ihres Kindes oder das Bellen Ihres Hundes als Klingelton einrichten. Nehmen Sie mit *Sprachmemos* etwas auf. Trimmen Sie die Aufnahme über den Schieberegler auf 30 Sekunden. Senden Sie die Datei per Mail an sich selbst. Auf Ihrem Rechner machen Sie wie oben beschrieben aus der Dateiendung *.m4a* einfach *.m4r*. Ziehen Sie die Datei mit der Maus zu iTunes in die Mediathek. Auch sie liegt nun bei den Klingeltönen und kann mit dem iPhone synchronisiert werden.

Eine detaillierte Beschreibung dazu finden Sie hier: *www.iphone-fan.de/klingelton-mit-dem-sprachmemo-erstellen*.

3.5 Videotelefonate mit FaceTime

Sie können Ihr Gegenüber beim Telefonieren auch sehen. Einzige Voraussetzungen: Beide Gesprächsteilnehmer nutzen ein iPhone 4 und haben ausreichend WLAN-Empfang.

Rufen Sie Ihren Gesprächspartner an, wenn die Audioverbindung steht, tippen Sie auf das FaceTime-Symbol. Nimmt Ihr Gegenüber den Videoanruf an, werden die Kameras aktiviert. Sie benötigen keinen Nutzernamen, und es muss auch nichts eingerichtet werden. Bei einem Face Time-Telefonat wird lediglich Ihre Mobilfunknummer übertragen, auch wenn Sie diese unterdrückt haben.

Sie sehen das Bild der Frontkamera. Ihr eigenes Bild ist zur Kontrolle des Ausschnitts in einer Ecke eingeblendet. Sie können dieses Bild mit dem Finger in jede der vier Ecken schieben. Halten Sie das iPhone 4 auf einer Armlänge entfernt, um ein gutes Bild von sich zu bekommen. Um auch ein ruhiges Bild zu haben, sollten Sie das iPhone auf einen Tisch stellen oder in eine Halterung. In das Dock (Tischhalterung) der ersten iPhone-Generation passt das iPhone 4 hervoragend hinein.

Sie können bei Videotelefonaten das iPhone 4 sowohl im Quer- als auch im Hochformat halten. Die Kameraansicht wechseln Sie mit einem Fingertipp auf das Kamera-tauschen-Symbol. Dann sieht Ihr Gesprächspartner das Bild der Rückseitenkamera.

Wollen Sie etwas sagen, was Ihr Gesprächspartner nicht hören soll, tippen Sie auf das durchgestrichene Mikrofon. Das Bild bleibt dabei weiterhin sichtbar. Wenn Sie während des Gesprächs etwas im Kalender oder in einer Mail nachschauen wollen, drücken Sie auf die Home-Taste und wechseln zu der gewünschten App. Oben in der Menüleiste sehen Sie einen grünen Balken mit: *Zu FaceTime zurück? Hier tippen.* Sie können weiterhin mit dem Gesprächspartner sprechen, sehen ihn aber nicht. Ein Fingertipp auf den grünen Balken bringt Sie zurück zum Videotelefonat.

Ihre Worte nimmt das zweite Mikrofon oben neben dem Kopfhörereingang auf. Ihren Gesprächspartner hören Sie über den Lautsprecher an der Unterseite. Sie können aber auch den mitgelieferten Kopfhörer verwenden.

Sie können ein Videogespräch direkt aus dem Adressbuch (*Kontakte*) über den FaceTime Knopf mit dem Kamerasymbol starten.

Apple hat FaceTime als offenen Standard angelegt, somit dürften schnell weitere Apps und Programme für Rechner auf den Markt kommen, die Videotelefonie unterstützen. In nicht allzu ferner Zukunft werden auch die Mobilfunkprovider Videotelefonie im 3G-Netz zulassen, evtl. gegen Zusatzgebühren.

Wer FaceTime nicht nutzen möchte, kann die Funktion unter *Einstellungen/Telefon/FaceTime* deaktivieren.

3.6 Telefonieren über das Internet (VoIP)

Für Telefonate über das Internet (**V**oice **o**ver **IP**) benötigen Sie eine App. Zur Auswahl stehen die kostenlosen Anwendungen von VoIP-Anbietern wie Skype und Sipgate oder eine Sammel-App wie beispielsweise Nimbuzz.

Sobald Sie WLAN-Empfang (Wi-Fi) haben, sind Telefongespräche mit den Programmen garantiert möglich. Einige Apps bieten auch Gespräche über das UMTS-Mobilfunknetz (3G) an. Doch die Sprachqualität erinnert meist an CB-Funk.

Die Variante per WLAN ist auf Reisen im Hotel oder auf dem Flughafen praktisch, weil man sich die höheren Auslandstarife des eigenen Providers spart. Telefonate zwischen Kunden eines VoIP-Anbieters sind sogar kostenlos. Für Anrufe zu Handys oder Festnetzanschlüssen müssen Sie beim Anbieter ein Konto mit einem Gesprächsguthaben einrichten.

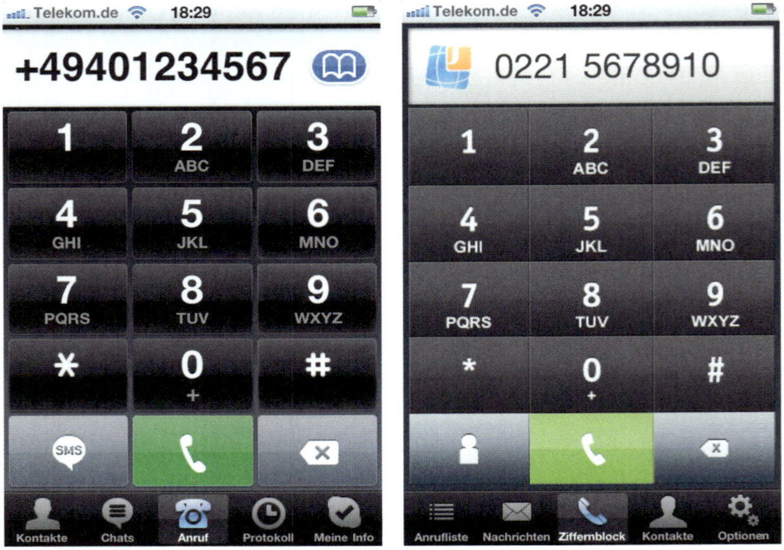

Skype und Sipgate passen ihren Ziffernblock optisch dem iPhone an.

4. Ins Internet

Das iPhone sucht sich automatisch die schnellstmögliche Datenverbindung. Ist ein WLAN-Netz im Empfangsbereich, sehen Sie die Auswahl, sobald Sie Safari starten. Die Daten werden in der Regel mit einer zweistelligen MBit-Zahl pro Sekunde übertragen.

Ist kein WLAN-Zugang vorhanden, bezieht das Smartphone die Daten über das Mobilfunknetz. In Ballungsräumen schafft die UMTS-Technik 3G bis zu 7,2 MBit/Sek im Download (HSDPA) und 5,6 MBit/Sek im Upload (HSUPA). Wo diese Technik nicht ausgebaut ist, werden die Daten per EDGE (E) mit bis zu 260 KBit/Sekunde im Mobilfunknetz übertragen.

WLAN und 3G (UMTS) lassen sich im iPhone deaktivieren, was die Batterieleistung verlängert.

4.1 WLAN-Zugang einrichten

Unter *Einstellungen/Wi-Fi* sehen Sie eine Übersicht aller aktiven WLAN-Netzwerke, sofern Wi-Fi aktiviert ist. Tippen Sie Ihr Heimnetzwerk an. Angezeigt wird das Netzwerk mit seinem SSID, also seinem Namen.

Wi-Fi oder WLAN?

Wi-Fi ist ein Kunstbegriff in Anlehnung an Hi-Fi und wurde von einer Industrievereinigung geprägt, die diesen Funkstandard vorantreibt. Wi-Fi ist im englischsprachigen Raum das Synonym für kabellosen Internetzugang. Im deutschsprachigen Raum hat sich WLAN, also **W**ireless **L**ocal **A**rea **N**etwork etabliert. Beide Begriffe beschreiben dasselbe.

Ein Tipp auf den Namen bringt Sie zur Kennwortabfrage. Ein blaues Häkchen symbolisiert die aktive Netzwerkverbindung.

Einmal eingegebene Kennwörter speichert das iPhone. Wenn Sie wieder in die Nähe dieses WLANs kommen, verbindet sich das iPhone automatisch.

Kennwort auf Umwegen ändern

Einmal gespeichert lässt sich das Kennwort eines WLANs im iPhone nicht mehr ohne Weiteres ändern. Stattdessen müssen Sie die WLAN-Verbindung zunächst komplett entfernen, indem Sie auf den blauen Pfeil neben dem WLAN tippen und anschließend *Dieses Netzwerk ignorieren* wählen. Nun wird das WLAN als neu erkannt, und Sie können das Kennwort eingeben.

Kennung für T-HotSpots erfragen

Zum Leistungsumfang der Telekom-Complete-Tarife gehört die Nutzung der rund 8.000 T-HotSpots. Sie befinden sich in Bahnhöfen, in einigen ICEs, Flughäfen, Hotels, Restaurants, Cafés sowie Telekom-Shops. In der Liste der empfangenen WLANs im iPhone sind sie als *tmobile* gekennzeichnet. Die notwendigen Einwahldaten liefern aber weder Apple noch die Telekom mit dem Gerät.

In einigen ICEs der Deutschen Bahn gibt es T-HotSpots, die sich mit einem iPhone nutzen lassen.

Senden Sie mit Ihrem iPhone eine SMS an die Nummer 95 26. Ins Textfeld schreiben Sie nur *OPEN*. Daraufhin erhalten Sie eine Antwort-SMS mit Ihrem Benutzernamen „Ihre Handynummer@t-mobile.de“ und ein elfstelliges Passwort.

Kunden von T-Mobile Austria senden in Österreich für ihre Zugangsdaten eine SMS an die Nummer 8 50 95 26. Kunden der Swisscom in der Schweiz werden automatisch mit dem HotSpot verbunden, die Zugangsdaten sind auf der SIM-Karte hinterlegt. Um den nächstgelegenen

HotSpot von Swisscom zu finden, bietet das Unternehmen im Schweizer App Store den Swisscom HotSpot Locator.

Mit T-HotSpots automatisch verbinden

Apple bietet mit der EAP-Methode (**E**xtensible **A**uthentication **P**rotocol) eine Möglichkeit des automatischen Logins in einen HotSpot. Dazu müssen Sie Ihr iPhone einmalig manuell bei einem T-HotSpot anmelden.

Sobald Ihnen das iPhone *tmobile* bei den Wi-Fi-Netzwerken anzeigt, tippen Sie darauf. Aktivieren Sie auf der Detailseite den Schieber *Autom. Verbinden* und *Autom. anmelden*. Bei dieser Einrichtung werden Sie noch einmal nach Ihren Zugangsdaten gefragt (Seite 94). Doch zukünftig sollte sich das iPhone bei jedem weiteren T-HotSpot automatisch anmelden (Ausnahme: ICE-Züge).

Haben Sie bei der Anmeldung Schwierigkeiten, deaktivieren Sie über *Einstellungen/Flugmodus* für einige Sekunden den WLAN-Chip. Tippen Sie danach nochmals auf die Kennung *tmobile*, und die Verbindung sollte aufgebaut werden.

T-HotSpot: manuelles Login

Bei den HotSpots der Telekom in ICE-Zügen lädt Safari eine Anmeldeseite. Hier tippen Sie Ihren Benutzernamen und das Kennwort aus der SMS ein (Seite 95). Leider hilft die Copy & Paste-Funktion nicht, da sich nur der gesamte SMS-Text kopieren lässt. Sie können aber den Umweg über die Notizen gehen. Kopieren Sie den gesamten SMS-Text auf einen gelben Notizzettel. Von hier können Sie einzeln den Benutzernamen und das Passwort herauskopieren.

Den nächsten HotSpot finden

Ihr iPhone zeigt Ihnen automatisch an, welche HotSpots im Empfangsbereich liegen, sobald Sie Safari oder Mails starten. Drei gebogene Linien symbolisieren die Signalstärke.

Das Vorhängeschloss zeigt an, dass Sie nur mit einem Passwort ins Netzwerk kommen. Sollten alle gesperrt sein und Sie den nächstgelegenen T-HotSpot suchen, helfen kostenlose Apps wie Mobile Butler Lite oder YellowMap weiter. Es gibt viele kostenlose Apps, die HotSpots suchen, einige davon zeigen auf Wunsch ausschließlich HotSpots der Telekom an.

Die App *Mobile Butler* (1,59 Euro) bietet Ihnen neben der HotSpot-Suche auch eine komfortable Verwaltung Ihrer Nutzungsdaten. Sie sehen, wie viele Telefonminuten, SMS und MMS Ihres Telekom-Vertrags im laufenden Monat bereits verbraucht wurden. Außerdem können Sie die Summen der vergangenen Monate in der Rechnungshistorie einsehen. Dazu müssen Sie allerdings Benutzername und Passwort zu „Mein T-Mobile“ hinterlegen.

Österreich

Kunden von T-Mobile Austria erhalten im österreichischen App Store die kostenlose App *My T-Mobile*, um unterwegs den aktuellen Stand ihrer Verbrauchsdaten (Telefonminuten, Daten) abrufen zu können.

Die Suche nach HotSpots mit der App lässt sich nach Anbietern filtern. Nützlich ist hierbei vor allem die Anzeige der T-HotSpots, allerdings werden nur feste WLAN-HotSpots angezeigt. Die Funknetze in den ICEs darf die App leider nicht melden.

Nervende WLAN-Meldungen unterdrücken

Sobald Sie Safari oder Mail starten und nicht automatisch in einem WLAN-Netz angemeldet sind, weist Sie ein Fenster auf alle Netzwerke (Wi-Fi) in der Umgebung hin. Sie sehen den Namen und die Empfangsqualität des Senders. Das Schloss zeigt an, dass es sich um ein gesichertes Netzwerk handelt, für das Sie ein Passwort benötigen.

Diese Meldung stört, wenn Sie für keins der Wi-Fi-Netzwerke ein Passwort haben. Darum kann man die Meldung unterdrücken. Deaktivieren Sie unter *Einstellungen/Wi-Fi* die Option *Auf Netze hinweisen*.

Sind Sie bereits in einem WLAN-Netz angemeldet, weist Sie das iPhone nicht mehr auf andere Netze hin. Sind Sie zum zweiten Mal an einem Ort, an dem das iPhone die WLAN-Zugangsdaten gespeichert hat, verbindet sich das Smartphone automatisch mit dem Netzwerk. Das ist insbesondere zu Hause, bei Freunden oder im Büro sehr praktisch.

4.2 Der Safari-Browser im Schnellüberblick

Safari ist der klassische Apple-Browser, wie man ihn von Macs aber auch Windows-Rechnern kennt. Für das iPhone wurde er optimiert und dem Format angepasst.

Apple lässt die übrigen bekannten Browser wie Explorer, Firefox oder Chrome bislang nicht auf das iPhone, aber mit dem Opera Mini-Webbrowser, Speedsurfer oder Multitouch gibt es im App Store einige Alternativen.

Übersicht: die Safari-Bedienelemente

Menüleiste oben	Bedienung
Adressfenster	Ein Tipp auf das Fenster öffnet die Tastatur. Sie können die Internetadresse ohne „www“ eingeben. Für die Endung *.com* gibt es eine Taste. Halten Sie diese länger gedrückt, erscheinen auch die Endungen *.de*, *.org*, *.eu*, *.edu*, *.us* und *.net*. Ein Tipp auf das *X* löscht die aktuelle Webadresse und macht Platz für eine neue. 

Menüleiste oben	Bedienung
Suche	Google ist standardmäßig als Suchmaschine im iPhone eingestellt. Unter *Einstellungen/Safari/Suchmaschine* lässt sich jedoch auf Yahoo! oder Bing von Microsoft wechseln. Man sieht den Schriftzug der aktuellen Suchmaschine in hellem Grau im Fenster rechts neben der Webadresse. Ein Tipp auf dieses Fenster vergrößert die Eingabezeile und öffnet die Tastatur. Geben Sie Ihr Suchwort ein und tippen Sie dann auf *Suchen*.
Menüleiste unten	**Bedienung**
Vor/zurück	Die Pfeile blättern eine Seite vor oder zurück.
+	Fügen Sie eine Webadresse zur Sammlung Ihrer Lesezeichen hinzu. Legen Sie die Webseite als Programm-Icon auf einem Startbildschirm ab (zum Home-Bildschirm). Danach starten Sie diese Seite mit nur einem Fingertipp. Die dritte Option öffnet eine Mail mit der Adresse der Webseite (URL der Seite senden), die Sie jemandem schicken können.
Buchsymbol	Ruft die gespeicherten Lesezeichen auf.
Viereck mit Zahl	Ein Tipp auf das Symbol verkleinert die aktuelle Seite, und man kann zwischen allen geöffneten Webseiten mit einem Fingerwisch wechseln. Mit *Neue Seite* können Sie so lange neue Webseiten öffnen, bis acht Fenster offen sind. Für eine weitere Webseite müssen Sie entweder eine andere Seite über das rot-weiße *X* schließen oder im Adressfenster die Webadresse überschreiben.

Sichere Webseiten, deren Adressen mit *https://* beginnen, zeigt Safari mit einem grünen Vorhängeschlosssymbol neben dem Namen des Anbieters.

Benutzernamen und Passwörter speichert das iPhone, sodass man diese Daten beim zweiten Besuch der Webseite nicht mehr eingeben muss. Auf dem kleineren Bildschirm ist die Eingabe langer Benutzernamen und Passwörter mühsam, weshalb diese Funktion praktisch ist. Sie sollten jedoch darauf achten, wer Zugang zu Ihrem iPhone hat, und auf jeden Fall die *Code-Sperre* aktivieren.

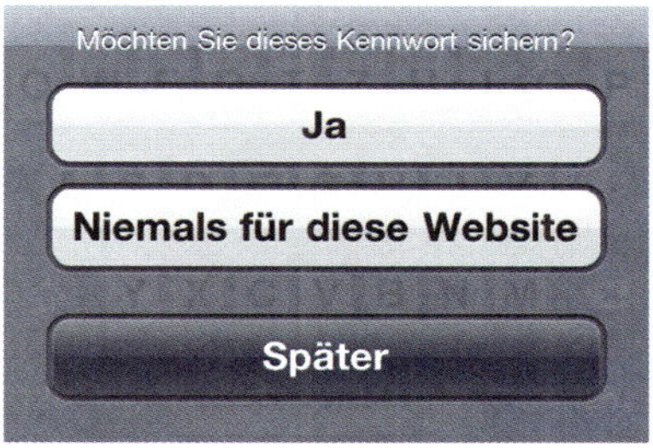

Safari fragt Sie nach der Eingabe eines Passwortes, ob dieses gespeichert werden soll.

Wollen Sie Passwörter nicht automatisch speichern, deaktivieren Sie unter *Einstellungen/Safari/Autom. ausfüllen* die Option *Namen & Kennwörter*. Sollten Sie es sich später anders überlegen, können Sie mit *Alle löschen* sämtliche gespeicherte Zugangsdaten löschen.

Aktivieren Sie an dieser Stelle die Option *Kontaktinfo benutzen*, füllt Safari Webformulare mit Ihrem Namen, Straße, Hausnummer und Wohnort automatisch aus. Dazu müssen Sie unter *Meine Infos* einen entsprechenden Eintrag aus dem Adressbuch auswählen.

Einem Link folgen

Tippen Sie auf einen Link, öffnet sich im selben Fenster der Inhalt der neuen Seite. Wenn Sie den Link angetippt halten, haben Sie die Wahl: den Link in der gleichen Seite *Öffnen*, *Auf neuer Seite öffnen* oder *Kopieren*, um ihn in einer Mail zu versenden.

Ein Bild sichern oder versenden

Wenn Sie gern ein Bild von einer Webseite für Ihre private Sammlung hätten, tippen Sie so lange auf das Foto, bis die Optionen erscheinen. Tippen Sie *Bild sichern* an, und das Foto liegt in Ihrem Foto-Ordner. Wenn Sie auf *Kopieren* tippen, können Sie das Foto an eine Mail oder SMS hängen und verschicken.

An den Anfang der Seite springen

Wenn Sie auf einer Webseite ganz unten angelangt sind, müssen Sie nicht mit dem Finger wieder nach oben scrollen. Tippen Sie einfach am oberen Bildrand auf den grauen Safari-Balken. Die Seite springt automatisch nach oben, und Sie sehen die Adresszeile.

Lesezeichen synchronisieren, speichern und verwalten

Sie können die Lesezeichen von Ihrem Rechner mit dem iPhone synchronisieren, wenn auch mit Einschränkungen, denn es funktioniert nur mit dem Safari-Browser (Mac, PC) und dem Internet Explorer (PC). Große und unstrukturierte Lesezeichensammlungen auf das iPhone zu übertragen, nutzt wenig – man sucht länger nach den Adressen, als das Eintippen dauern würde. Zudem zeigt sich in der Praxis, dass man unterwegs andere Adressen benötigt als am Schreibtisch.

Wenn Sie dennoch die Lesezeichen abgleichen möchten, setzen Sie in iTunes beim Register *Info/Andere/Lesezeichen synchronisieren mit ‹Browsername›* einen Haken.

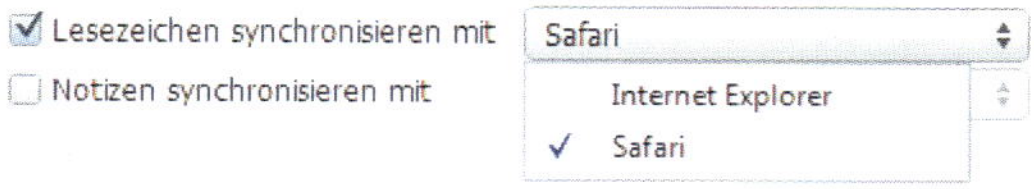

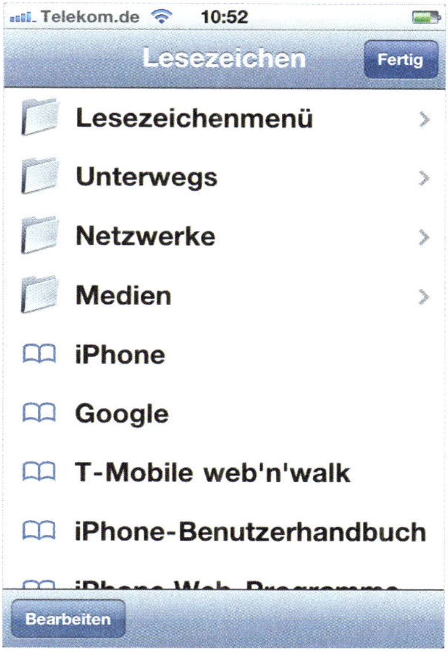

Praktischer ist eine separate Lesezeichensammlung auf dem iPhone, aber auch hier sollte man System reinbringen. Legen Sie thematische Ordner an und geben Sie den Lesezeichen Namen, die Sie sofort zuordnen können. Tippen Sie im Safari-Browser auf das Buchsymbol. Unten links tippen Sie auf *Bearbeiten*. Jetzt können Sie neue Ordner wie beispielsweise *Medien*, *Netzwerke* und *Unterwegs* anlegen.

Tippen Sie auf ein vorhandenes Lesezeichen, um es in einen Ordner zu verschieben, aber auch um ihm einen prägnanten Namen zu geben. Oft werden Lesezeichen mit ellenlangen Beschreibungen vom Browser übernommen.

Firefox- und Chrome-Lesezeichen nutzen

Wenn Sie trotz der Einschränkung in iTunes Ihre Lesezeichen aus Firefox oder Chrome nutzen möchten, hilft Ihnen das kostenlose Programm Xmarks. Damit lässt sich Ihre Lesezeichensammlung in eine Version für Safari oder den Internet Explorer umwandeln. Die können Sie dann mit dem iPhone synchronisieren.

Noch einfacher geht es mit der Onlineversion von Xmarks. Registrierte Nutzer speichern dabei ihre Lesezeichen auf einem Server des Anbieters. Mit dem iPhone rufen Sie dann in Safari eine Webseite auf, die Ihre sämtlichen Lesezeichen enthält. *www.xmarks.com.*

Für Firefox-Nutzer gibt es noch die kostenlose App *Firefox Home.* Sie gleicht über einen Server von Mozilla alle Lesezeichen, aber auch den Verlauf und aktuell geöffnete Webseiten zwischen Rechner und iPhone ab. Dazu benötigt man am Rechner das Add-on Firefox Sync. Dann kann man vom Schreibtisch aufstehen und auf dem iPhone in denselben Webseiten weiterlesen.

4.3 Die Einschränkungen beim Surfen

Der Safari-Browser stellt Webseiten genau so dar, wie sie am großen Monitor auf dem Schreibtisch aussehen würden. Es wird nichts weggelassen oder verkleinert. Darum muss man bei vielen Seiten mit dem Finger wischen oder über die Pinch-Bewegung mit zwei Fingern zoomen.

Die größte Einschränkung beim Surfen im Internet ist Apples Weigerung, Flash-Inhalte zu unterstützten. Bildanimationen, Grafiken und Videos sind häufig mit dieser Programmplattform von Adobe erstellt. Im iPhone sieht man dann nur ein kleines blaues Legosteinchen mit weißen Fragezeichen. Hierfür gibt es weder eine App noch einen Trick.

Der Grund liegt weniger an der Technik als an einer persönlichen Abneigung. Zwar liefert Apple-Boss Steve Jobs immer wieder Argumente, warum Flash nicht auf dem iPhone funktioniert, doch Fachleute können das nicht nachvollziehen. Auf Smartphones anderer Hersteller funktioniert Flash schließlich auch. Offiziell heißt es, Apple setze auf den offenen Standard HTML 5, mit dem multimediale Inhalte ohne Plug-in in einem Browser dargestellt werden können. Bis jedoch alle Inhalte dem angepasst sind, dürften iPhone-Nutzer noch öfter den blauen Legostein zu sehen bekommen.

YouTube-Videos: extra umgewandelt

Eigentlich liegen die Hunderttausende YouTube-Videos im Flash-Format auf den Webservern. Damit das iPhone diese Filme jedoch abspielen kann – schließlich gibt es für YouTube eine Standard-App –, wurden die Filme in das H.264-Format konvertiert. Damit hat das iPhone keine Probleme.

iPhone-optimierte Webseiten finden

Viele Unternehmen bieten iPhone-optimierte Webseiten, dazu gehören unter anderem die Bild-Zeitung, der Spiegel, der stern, die Lufthansa und die Deutsche Bank. Die Navigation auf diesen Seiten ist deutlich einfacher und übersichtlicher. Die entsprechenden Adressen erkennen Sie am *mobil(e)* statt des „www“ am Anfang der Internetadresse oder an einer Endung wie *.mobi*.

Eine Übersicht weiterer iPhone-optimierter Webseiten finden Sie nach Rubriken sortiert unter *mobiler.iPhone-Fan.de*.

4.4 Alternative Browser

Von den namhafteren Browser-Anbietern hat es bislang nur Opera in den App Store geschafft. Das norwegische Unternehmen bietet sein Programm zum Aufrufen von Webseiten für Windows und Mac an. Darüber hinaus hat das Unternehmen Browser für Windows Mobile, Android und Nintendos DS-Spielkonsolen entwickelt. Den kostenlosen Opera Mini-Webbrowser gibt es auch für das iPhone.

Der Hersteller behauptet, die App lade Seiten bis zu sechs Mal schneller. Die eingesetzte Technik nennt sich Server-Side Rendering, bei der fast alle Elemente einer Seite vor der Übertragung vom Server komprimiert werden. So müssen 90 Prozent weniger Daten übertragen werden. Der Browser bietet ein sehr intuitives Menü, bei dem sich schnell zwischen offenen Webseiten wechseln lässt. Wer Opera auch auf seinem Rechner nutzt, kann die Lesezeichen zwischen beiden Geräten abgleichen.

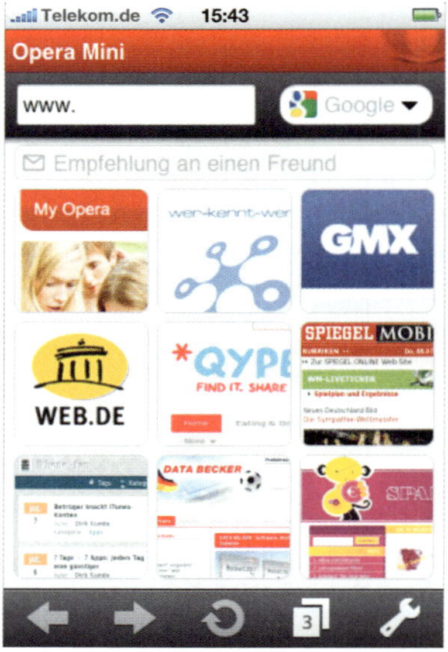

4.5 Tethering – das iPhone als Laptop-Modem

„Tether" bedeutet im Deutschen „Anbinden". Das Tethering ist also die Anbindung des iPhones als Modem an einen Laptop. Somit kann man unterwegs mit dem tragbaren Computer ins Internet. Die T-HotSpot-Daten lassen sich direkt im Laptop nutzen, wenn jedoch eine WLAN-Verbindung fehlt, kann man über UMTS recht zügig im Internet surfen und Mails abrufen.

Die Tethering-Funktion aktiviert man unter *Einstellungen/Allgemein/Netzwerk/Internet-Tethering konfigurieren*. Die Verbindung zwischen iPhone und Laptop erfolgt wahlweise per Bluetooth oder per USB-Kabel.

Die Einschränkung: T-Mobile verlangt für diesen Dienst eine Extragebühr. Die Modemnutzung können Sie im Telekom-Shop oder telefonisch bei der Kundenbetreuung unter 2202 vom iPhone buchen. Die Aktivierung dauert in der Regel 24 Stunden.

Web'n'walk-Datenoptionen:

Option	Zusätzliches Datenvolumen	Preis/Monat*
Modemnutzung S	100 MByte	4,95 Euro
Modemnutzung	3.000 MByte	19,95 Euro

** Die Optionen müssen mindestens für sechs Monate gebucht werden.*

Bei den Tarifen von T-Mobile Austria und der Swisscom in der Schweiz ist die Modemfunktion inklusive. Orange berechnet in Österreich für die Modemnutzung einen Extratarif.

4.6 MobileMe – den Internet-Datenspeicher optimal nutzen

Der Apple-Datendienst MobileMe verwendet eine Wolke als Symbol. Sie steht für das sogenannte Cloud Computing. Gemeint sind damit Server in großen Rechenzentren, deren Dienste via UMTS (3G) wie eine Wolke ständig über uns schweben.

Immer mehr Anwendungen laufen nicht mehr auf dem Rechner, sondern in einer entfernten Serverfarm. Webmaildienste wie GMX, Social Networks wie Facebook oder Google Text & Tabellen sind Beispiele dafür.

MobileMe bietet Ihnen:

- Abgleich von Terminen, Adressen und Mails
- Datensicherung (iDisk)
- Fotoalben (Galerie)
- Verlorenes iPhone bzw. iPad orten und im Falle eines Diebstahls alle Daten aus der Ferne löschen

Für den „Wolken-Dienst" berechnet Apple 79 Euro pro Jahr bei 20 GByte Speichervolumen. Weiteren Speicherplatz können Sie bei Bedarf hinzubuchen. Für kleine Unternehmen oder Familien gibt es für 119 Euro eine Fünf-Personen-Lizenz. MobileMe können Sie 60 Tage kostenlos testen, bevor Sie sich dafür entscheiden.

Abgleich von Adressen und Terminen

Ein Praxisbeispiel: Sie tragen sich zu Hause einen Termin mit Adresse in den Outlook-Kalender ein. An dem vereinbarten Termin fahren Sie dorthin, haben aber die Hausnummer nicht mehr im Kopf. In Ihrem iPhone-Kalender steht der Termin nicht, weil die letzte Synchronisation mehr als zehn Tage zurückliegt.

Dieses Problem löst MobileMe. Es gleicht die Termin- und Adressdaten zwischen all Ihren Computern ab. Sie tragen eine Adresse ins iPhone ein, und Sekunden später steht diese Adresse auch in Outlook auf den Rechnern in Ihrem Büro und zu Hause.

Alle angeschlossenen Geräte senden die Daten an einen Server bei Apple – oder in die Wolke, wenn Ihnen dieses Bild besser gefällt. Weltweit jeder Rechner mit Internetzugang lässt Sie auf Ihre Daten zugreifen – natürlich passwortgeschützt. Somit haben Sie, egal wo Sie sich gerade aufhalten und ob Sie Ihr iPhone mithaben, Zugriff auf Dateien, Fotos, Termine und Adressen.

Für MobileMe benötigen Sie iTunes auf Ihrem Rechner. PC-Nutzer müssen noch die Systemsteuerung für Windows installieren, ein kostenloses Hilfsprogramm.

Darin legen Sie fest, welche Programme in welchem Rhythmus die Daten mit dem Apple-Server abgleichen. Sämtliche Funktionen können Sie über die Webseite *me.com* steuern. Dort erhalten Sie auch eine Mailadresse nach dem Muster *IhrName@me.com*.

Im iPhone stellen Sie unter *Einstellungen/Mail, Kontakte, Kalender/MobileMe* ein, welche Informationen synchronisiert werden sollen und ob Ihr iPhone gesucht werden darf (Seite 114).

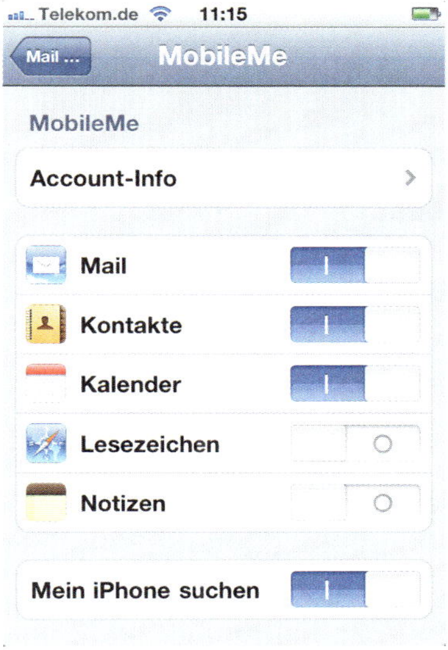

Einstellung, was Sie zwischen iPhone und MobileMe synchronisieren möchten.

Fotoalben einrichten und freigeben

Fotos senden Sie direkt aus dem iPhone-Album zu MobileMe. Tippen Sie in den Aufnahmen auf ein Bild und dann auf den Pfeil links unten. Sie sehen, die Versandoption *An MobileMe senden* ist die Dritte. Dazu sollten Sie unter *me.com* jedoch bereits ein Album eingerichtet haben, in das die Bilder übertragen werden.

Bei der Einrichtung legen Sie auch fest, ob das Album für jeden sichtbar ist, ob weitere Bilder von anderen hinzugefügt werden dürfen und ob Betrachter Bilder herunterladen können.

Fotoalben bieten sich beispielsweise für Familienfeiern an, nach denen eine große Zahl von Menschen die Bilder betrachten möchte. Schicken Sie allen die Webadresse des Albums (*gallery.me.com/Ihr-Name*), und die Fotos lassen sich als automatische Diashow betrachten oder herunterladen.

Wollen Sie unterwegs Bilder aus MobileMe auf Ihrem iPhone zeigen oder versenden, bietet sich dafür die kostenlose App *MobileMe Galerie* an.

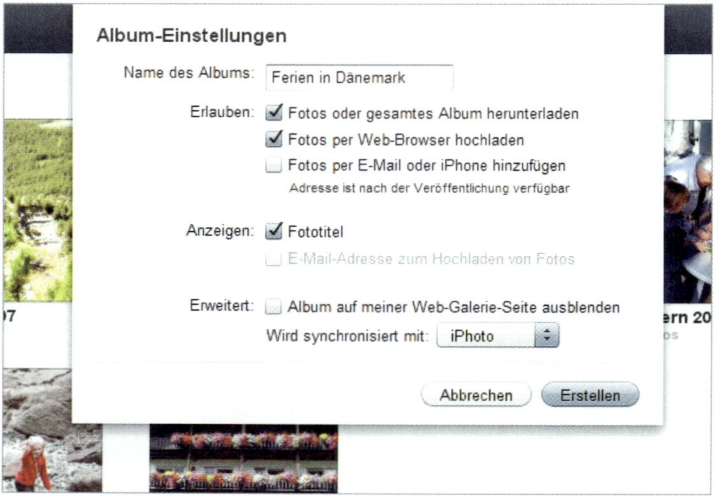

Einstellung der Zugriffsrechte für Fotoalben bei MobileMe.

Datensicherung im Web

Der Bereich für die Datensicherung nennt sich *iDisk*. Er eignet sich für eine Sicherungskopie Ihrer Daten und Dateien. Wird Ihr Rechner gestohlen oder zerstört, liegt immer noch eine Kopie „in der Wolke". Mit 20 GByte ist der Speicher für die wichtigsten Dokumente und Bilder ausreichend groß, kann aber auf Wunsch auch (kostenpflichtig) erweitert werden.

Daten laden Sie über *me.com* hoch. Einfacher geht es, wenn Sie den Zugang als Netzwerkpfad im Datei-Manager (PC) hinzufügen. Mac-Nutzer haben über den *Finder* unter *Geräte* direkten Zugriff. So lassen sich Daten per Mausklick vom und zum Server verschieben. Mac-Nutzer können mit der kostenlosen Apple-Software *Backup* automatisierte Sicherungen ihrer Dateien anlegen.

Sollte eine Datei zu groß für den Mailversand sein, hilft Ihnen iDisk. Laden Sie die Daten in den Public-Ordner bei MobileMe. Sie können für das Paket eine Freigabe definieren, die lässt sich nach Tagen zeitlich begrenzen und mit einem Passwort schützen. Teilen Sie dem Empfänger den angezeigten Link sowie das Passwort mit, so kann nur er oder sie die Daten herunterladen.

Mit der kostenlosen App *MobileMe iDisk* greifen Sie mit dem iPhone auf die Dateien zu und haben unterwegs Zugriff auf den Server.

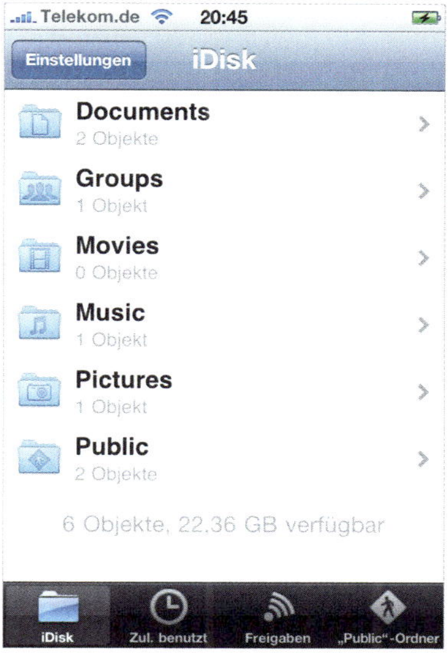

Mit der kostenlosen App iDisk haben Sie Ihre Dateien im Blick.

Achtung, Kosten!

Bedenken Sie bei der Nutzung von iDisk auf dem iPhone, dass die Dateien immer noch im Internet liegen. Insbesondere im Ausland kann das unter Umständen schnell sehr teuer werden.

Bei Verlust: iPhone orten oder aus der Ferne Daten löschen

Eine schreckliche Vorstellung, aber Sie haben Ihr iPhone verloren. Vielleicht gestern Abend im Restaurant, vielleicht ist es aber auch im Bus liegen geblieben. Mit MobileMe können Sie das Gerät orten.

So orten Sie Ihr iPhone

Wählen Sie sich unter *me.com* mit Ihrem Benutzernamen und Passwort ein. Klicken Sie auf das Radarsymbol. Sie müssen Ihr Passwort ein zweites Mal eingeben. Die Ortung dauert einige Minuten, dann wird der ungefähre Ort in Google Maps dargestellt.

Mithilfe der kostenlosen App *Mein iPhone suchen* können Sie ebenfalls andere iPhones oder iPads orten, die in Ihrem MobileMe-Konto angemeldet sind.

Eine Nachricht aufs iPhone senden

Haben Sie das iPhone eventuell im Restaurant liegen gelassen, klicken Sie auf *Nachricht senden*. Sie können eine Rückgabebitte mit einer Festnetztelefonnummer an Ihr iPhone senden, das spielt für zwei Minuten einen Ton ab, sodass jemand im Raum darauf aufmerksam wird. Das hilft auch, falls das iPhone mal in der eigenen Wohnung verlegt wurde.

Aus der Ferne sperren und Daten löschen

Sie können mit der *Fernsperre* eine vierstellige Code-Sperre aktivieren bzw. die bestehende überschreiben, sodass der Finder nicht in Ihre Mails oder Adressen schauen kann.

Steht fest, dass Ihr iPhone gestohlen wurde, können Sie die *Fernlöschung* aktivieren. So kommt der Dieb nicht an Ihre Daten und kann auch nicht mit dem iPhone telefonieren. Ist das iPhone eingeschaltet, beginnt der Löschvorgang innerhalb weniger Sekunden. Zur Bestätigung erhalten Sie eine Mail an Ihre MobileMe-Adresse.

Ist das iPhone ausgeschaltet, beginnt die Löschung, sobald es das nächste Mal eingeschaltet ist. Im ausgeschalteten Zustand funktionieren weder die *Ortung* noch die Funktion *Nachricht senden*.

Weitere Informationen zu MobileMe finden Sie unter *www.apple.com/de/mobileme*.

Push aktivieren

Damit die Ortung via MobileMe funktioniert, muss das iPhone eingeschaltet sein, und Sie müssen unter *Einstellungen/Mail, Kontakte, Kalender/Datenabgleich* die Push-Funktion aktiviert haben.

Kalender und Adressen mit mehreren nutzen

MobileMe legt standardmäßig drei Kalender (*Home*, *Outlook Calendar*, *Kalender*) an. Welchen Sie als Standardkalender für Ihre Einträge nutzen möchten, legen Sie unter *Einstellungen/Mail, Kontakte, Kalender/Kalender/Standardkalender* fest.

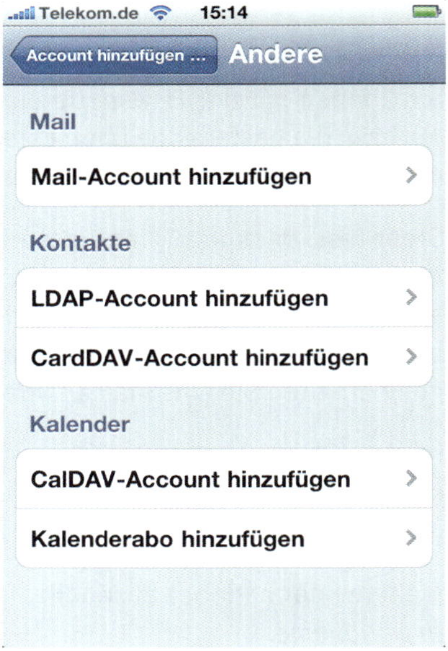

Wenn Sie weitere Termine aus anderen Firmen- oder Vereinskalendern hinzufügen möchten, dann tun Sie das unter *Einstellungen/Mail, Kontakte, Kalender/Account hinzufügen/Andere/Kalender.*

Hier können Sie unter *Kalenderabo hinzufügen* antippen, wobei ein Server angegeben werden muss. Das eignet sich in der Regel für die berufliche Nutzung.

Die zweite Möglichkeit nennt sich *CalDAV-Account hinzufügen*. CalDAV ist ein Kalenderformat, das viele Anbieter unterstützen. Führen Sie beispielsweise bei Google einen Kalender, können Sie diesen hier einbinden. Nutzen mehrere Familienmitglieder ein iPhone, können Sie einen Familienkalender bei Google einrichten. Dann haben immer alle Personen sämtliche Termine zur Hand.

Welche Termine später angezeigt werden, legen Sie im Kalender fest. Tippen Sie oben links auf *Kalender*. Hier bestimmen Sie, welche Termine Sie im Blick haben möchten. Die farbigen Punkte zeigen bereits, in welcher Farbe die Termine angezeigt werden.

Sie können auch mehrere Adressbücher mit dem iPhone nutzen. Ein weiteres Verzeichnis fügen Sie unter *Einstellungen/Mail, Kontakte, Kalender/Account hinzufügen/Andere/Kontakte* hinzu. Tippen Sie auf *LDAP-Account hinzufügen*. Das Akronym steht für **L**ightweight **D**irectory **A**ccess **P**rotocol und bezeichnet ein Adressverzeichnis auf einem Server. Diese Option ist also vor allem für den Unternehmenseinsatz oder das Arbeiten in Gruppen gedacht.

Die zweite Option für ein weiteres Adressbuch ist *CardDAV-Account hinzufügen*. CardDAV ist ein Protokoll, das Kontaktdatensätze im vCard-Format über einen Server verarbeiten kann.

5. Mailen und simsen

Texte verschickt man vom iPhone am schnellsten per Mail oder SMS. Das Tippen auf der Bildschirmtastatur funktioniert im Hoch- und Querformat. Per SMS lassen sich auch Fotos und Videos verschicken, dann heißen die Nachrichten allerdings MMS. Folgendes können Sie per Mail vom iPhone versenden:

- Fotos
- Videos
- Sprachmemos (Tonaufnahmen)
- Kontaktdaten (VCF-Karte)
- Internetadressen
- Standorte/Adressen in Google Maps

5.1 E-Mails

Wurden nicht alle Mailkonten direkt bei der Einrichtung per iTunes synchronisiert, können Sie unter *Einstellungen/Mail, Kontakte, Kalender* ein weiteres Konto hinzufügen.

Hier bietet das iPhone bereits Voreinstellungen für Mailadressen bei AOL, Yahoo!, Google Mail, MobileMe oder per Exchange Server, was für den Unternehmenseinsatz gedacht ist.

Neue Mailkonten hinzufügen

Liegt Ihr Mailkonto bei keinem der genannten Anbieter, tippen Sie auf *Andere/Mail-Account hinzufügen*. Jetzt müssen Sie sämtliche Zugangsdaten zur Hand haben. Nach der Eingabe Ihres Namens, Ihrer Mailadresse und Ihres Kennwortes haben Sie die Wahl zwischen *IMAP* (**I**nternet **M**essage **A**ccess **P**rotocol.) und *POP* (**P**ost **O**ffice **P**rotocol). Dies sind technische Protokolle, die sich in der Art des Mailabrufs unterscheiden.

Vereinfacht gesagt leert POP Ihren Briefkasten beim Mailanbieter und holt die Mails physisch auf das iPhone. Ihr Posteingang beim Anbieter ist dann leer. IMAP verwaltet die Mails auf dem Server und ruft nur eine Kopie ab. Letzteres ist in der Praxis vorteilhaft, wenn Sie nicht sämtliche Mails auf dem iPhone beantworten und speichern wollen. Mit IMAP haben Sie Ihre Mails im Blick, können sie aber später noch auf dem Rechner daheim oder im Büro abrufen und bearbeiten.

Auf dem iPhone gelesene Mails werden bei IMAP markiert und auch später vom Mailprogramm auf dem Computer nicht mehr als ungelesen angezeigt. Rufen Sie dann später am Computer per POP Ihre Mails vom Server ab, sind sie auch auf dem iPhone gelöscht. Das hält den Speicher schlank.

Geben Sie noch die Daten für den Eingangs- und den Ausgangsserver (SMTP) an und tippen Sie auf *Sichern*. Das neue Mailkonto ist abrufbereit.

Mailanzeige einstellen

Wie und wie viele Mails in Ihrer Kontoübersicht angezeigt werden, können Sie einstellen. Unter *Einstellungen/Mail, Kontakte, Kalender* finden Sie weiter unten in der Rubrik *Mail* Optionen für die Schriftgröße und die Anzahl der Textzeilen in der Vorschau.

Hier legen Sie in definierten Schritten zwischen 25 und 200 fest, wie viele Mails angezeigt werden.

Wenn Sie ein Mailkonto besonders häufig nutzen, sollten Sie es als *Standard-Account* festlegen.

Sie können auch eine Signatur eingeben, die dann am Ende jeder Mail erscheint. Standardmäßig ist eingestellt: *Vom meinem iPhone gesendet*.

Eine Signatur, die lediglich aussagt, dass die Mail von Ihrem iPhone gesendet wurde, ist für den Empfänger nicht sehr hilfreich. Sie erklärt höchstens die fehlerhafte Groß- und Kleinschreibung oder andere Tippfehler, die auf dem iPhone nicht ausbleiben, gerade wenn es schnell gehen muss.

Machen Sie sich die Mühe und erstellen Sie eine aussagekräftige Signatur, beispielsweise mit Ihrer Adresse oder dem Link zu Ihrer Webseite. Achten Sie bei Telefonnummern auf die Schreibweise. Fügen Sie beispielsweise keine Null zwischen Landes- und Stadtvorwahl (+49 (0)40 ...), sonst kann das iPhone die Nummer nicht automatisch wählen.

Schreiben Sie dagegen 040/12345678 oder +49 40 12345678, kann der Mailempfänger die Nummer mit einem Fingertipp wählen.

Mailanhänge

Das iPhone kann diverse Dateiformate anzeigen. Sollte beispielsweise ein Foto, eine Präsentation oder ein Text an der Mail hängen, können Sie den Anhang mit einem Fingertipp öffnen. Der Text oder das Bild wird dann angezeigt. Sie können die Dateien allerdings nicht bearbeiten.

Haben Sie eine App installiert, mit der sich das Dateiformat besser anzeigen oder eventuell sogar bearbeiten lässt, wird oben rechts in der Menüleiste *Mit xy öffnen* angezeigt.

Ist ein Foto an die Mail gehängt, können Sie es mit einem Tipp auf *Bild sichern* zu Ihrem Album hinzufügen.

Dateien	Endungen
Texte	.doc, .docx, .txt, .rtf, .pages, .pdf
Tabellen	.xls, .xlsx, .numbers
Adressen	.vcf
Präsentationen	.ppt, .pptx, .pages, .key
Bilder	.jpg, .gif, .tif
Musik	.m4a, .wav, .aiff, .mp3

Mehrere Mailkonten verwalten

Haben Sie mehrere Mailkonten eingerichtet, gibt es unter *Mail/Postfächer* einen Ordner *Alle*. Wählen Sie ihn aus, sehen Sie sämtliche Mails, egal an welche Ihrer Mailadresse sie geschickt wurde. Das ist enorm praktisch für Anwender mit unterschiedlichen Adressen und erspart den mühsamen Wechsel der Eingangsordner.

Interessiert Sie nach dem Lesen einer Mail, über welche Adresse diese Sie erreicht hat, tippen Sie auf *Details* und Ihren Namen hinter *An*. Entweder sehen Sie die Mailadresse direkt oder sie ist blau in Ihrem Adresseintrag markiert.

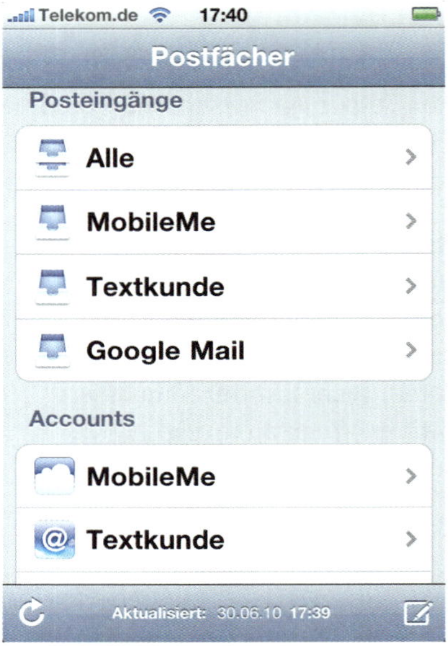

Sollten Sie nur den Eingangskorb einer Mailadresse sehen wollen, wechseln Sie unter *Mail/Postfächer* zu dem gewünschten Posteingang.

Nachträglich Absenderadresse korrigieren

Wenn Sie eine Mail geschrieben, aber versehentlich im falschen Mailkonto angefangen haben, können Sie immer noch die Absenderadresse ändern. Tippen Sie auf *Kopie/Blindkopie*, danach auf *Account*. Es erscheint ein Drehrad, das Ihnen die Auswahl der Absenderadresse ermöglicht.

Mails löschen und speichern

Wollen Sie die Mailadresse des Absenders vor dem Löschen speichern, tippen Sie kurz auf die blau markierte Absenderadresse. Im folgenden Feld können Sie die Adresse einem bestehenden Eintrag hinzufügen oder einen neuen Kontakteintrag erstellen.

Löschen Sie eine Mail, indem Sie mit dem Finger in der Eingangsübersicht nach rechts über den Text wischen. Das Löschen müssen Sie noch bestätigen. Wollen Sie gleich mehrere Mails auf einmal löschen, tippen Sie oben rechts in der Menüleiste auf *Bearbeiten*. Jetzt tippen Sie die zu löschenden Mails an, ein rot-weißer Haken erscheint. Mit einem Fingertipp auf *Löschen* unten links sind die Mails vom iPhone verschwunden. Tippen Sie rechts auf *Bewegen*, legen Sie die Mails in einen Ordner oder im Papierkorb ab.

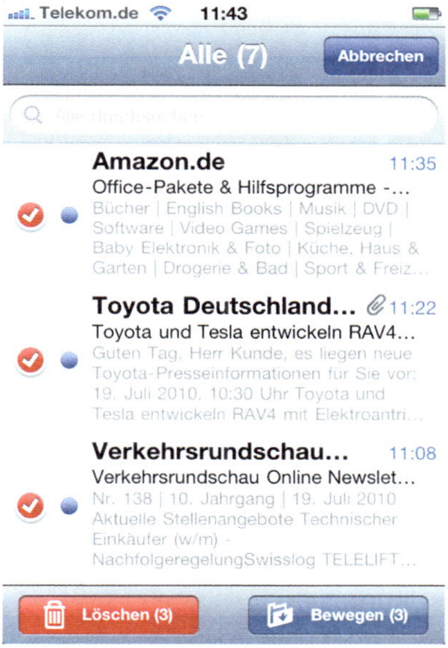

Legen Sie fest, in welchem Turnus gelöschte Mails vom iPhone entfernt werden. Unter *Einstellungen/Mail, Kontakte, Kalender/Accounts* (das jeweilige Mailkonto antippen)/*Account-Info* finden Sie unter *Erweitert* den Eintrag *Gelöschte E-Mails Entfernen: Nach einerWoche*. Diese Periode lässt sich zwischen *Nie* und *einem Monat* wählen. Dann werden die Mails endgültig von iPhone gelöscht.

Bei IMAP-Konten sehen Sie noch *Postfach-Verhalten*. Hier legen Sie den Abgleich von Mails fest, also dass *Entwürfe* beispielsweise auf dem Server dem Ordner *Drafts* entspricht.

Mails durchsuchen

Das Mailprogramm verfügt über eine Suchfunktion. Ziehen Sie im Eingangsordner die oberste Mail ein Stück mit dem Finger nach unten, dann sehen Sie das Suchfenster.

Ein Tipp auf das Textfeld öffnet weitere Optionen, wo gesucht werden soll, damit lässt sich die Suche eingrenzen und beschleunigen.

Alle Mails zu einem Thema, also mit identischer Betreffzeile (Thread) werden gesammelt angezeigt.

Sie sehen jeweils die jüngste Mail, und rechts ist eine Zahl zu sehen. Sie zeigt an, wie viele Mails zu diesem Thema auf dem iPhone liegen. Ein Fingertipp auf die Zahl führt Sie zu den Mails. So lassen sich längere Konversationen per Mail übersichtlicher Verwalten und Inhalte nachschlagen.

Auf dem Mailserver weitersuchen

Wird Ihr Suchwort nicht gefunden, erhalten Sie bei Exchange-Konten, MobileMe und einigen IMAP-Mailkonten noch die Option *Auf dem Server weitersuchen*. Ist diese aktiviert, wird die Suche nach dem eingetippten Wort in den noch nicht abgerufenen oder dort gespeicherten Mails fortgesetzt.

Alle Mails immer dabei

Der Name und die Telefonnummer, die man gerade sucht, stehen immer in einer Mail, die bereits gelöscht wurde. Es ist ein Fluch. Abhilfe schaffen hier Apps wie beispielsweise *fwdMail* (0,79 Euro). Das Programm lädt alle Mails auf das iPhone und behält sie auch dort – egal, wann sie gesendet oder empfangen wurden. Für 900 Mails belegt das Programm bei mir rund 5 MByte. Das macht bei einem 32-GByte-Speicher nichts aus. Ein weiterer Vorteil: Die Suche nach Stichwörtern durch sämtliche Mails ist rasant schnell.

Mails sofort empfangen: die Push-Funktion

Sobald Sie eine neue Mail erhalten, schickt der Server Ihres Mailanbieters den Text auf Ihr iPhone. Eine kleine rot-weiße Zahl signalisiert den Eingang. Diese Funktion heißt Push, weil alle Mails sofort aufs iPhone „gedrückt“ werden.

Unter *Einstellungen/Mail, Kontakte, Kalender/Datenabgleich* lässt sich festlegen, ob Sie die Push-Funktion nutzen möchten. Sie können unter der Option *Laden* ein Zeitintervall festlegen, in dem neue Mails heruntergeladen werden, wenn die sofortige Weiterleitung deaktiviert ist.

In der Praxis hat sich die Einstellung *Manuell* bewährt. Dann werden Mails abgerufen, sobald das Mailprogramm gestartet wird. Der Verzicht auf die sofortige Weiterleitung verlängert die Batterielaufzeit.

Unternehmenseinsatz: mehrere Exchange-Mailkonten

Seit iOS4 kann das iPhone mehrere Exchange-Mailkonten verwalten. Nutzt Ihr Unternehmen einen Microsoft Exchange Server 2003 oder 2007, können Sie die Firmen-Adressbücher, -Kalender und -Mails auch auf dem iPhone einrichten.

Sollten Sie mithilfe der IT-Abteilung Zugriff auf ihr berufliches Exchange-Mailkonto erhalten, können Sie die Daten hier eingeben: *Einstellungen/Mail, Kontakte, Kalender/Account hinzufügen/Microsoft Exchange*.

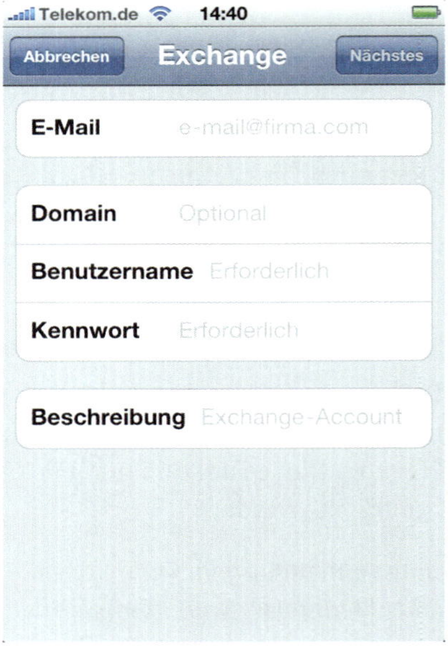

Sie benötigen neben Ihrer Mailadresse einen Benutzernamen sowie das Kennwort und optional noch eine Domain, unter der der Server erreichbar ist.

5.2 SMS und MMS

Tippen Sie auf *Nachrichten* (grün-weiße Sprechblase) auf dem Startbildschirm. Sie sehen die Liste der empfangenen SMS. Tippen Sie oben rechts auf das Block-Stift-Symbol, um eine neue Textnachricht zu beginnen. Bei *An* tippen Sie einfach den Namen ein, wie er im Adressbuch steht. Das Programm zeigt mit jedem weiteren Buchstaben die Treffer aus den Kontakten an. Oder Sie tippen oben rechts auf das Plus und fügen so den Empfänger aus dem Adressbuch hinzu. Ist die Empfängernummer nicht gespeichert, tippen Sie bei *An* einfach die Ziffern ein.

Soll die SMS an mehrere Empfänger gleichzeitig verschickt werden, tippen Sie bei *An* mehrere Namen nacheinander ein oder wählen sie aus dem Adressbuch aus. Wechseln Sie zum Textfeld. Hier geben Sie Ihre Nachricht ein. Wenn Sie wissen möchten, wie viele Ihrer 160 Zeichen bereits genutzt sind, aktivieren Sie in den *Einstellungen/Nachrichten* die Option *Zeichenanzahl*.
Wenn Sie mit der SMS fertig sind, tippen Sie auf *Senden*.

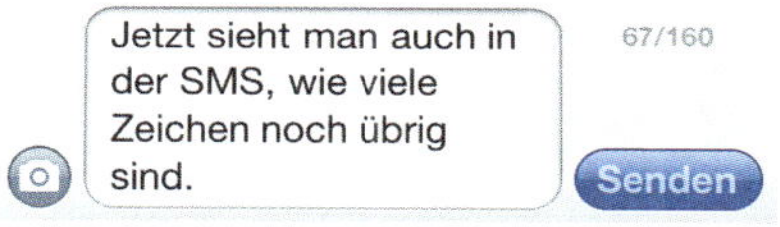

Alternativen zur SMS

Alternativen sind Apps wie *AppSender Pro* (1,59 Euro) und *Cherry SMS* (kostenlose), bei deren Anbietern sich der Nutzer günstigere SMS-Pakete kauft. Mit *TwittMS* (1,59 Euro) schreiben Sie über Twitter (Seite 205) Direktnachrichten an die Empfänger. Da die App Twitter nutzt, laufen die Daten über das Internet. Nachteil: Der Empfänger muss ein Twitter-Konto besitzen. *Ping Chat! 2* (kostenlos) nutzt die Push-Funktion des iPhones. Die Nachricht wird optisch und akustisch auf dem iPhone vermeldet, sobald sie eintrifft, selbst wenn die App gar nicht aktiv ist. Dazu nutzt *Ping* den Mitteilungsserver von Apple. Auch hier laufen die Daten über das Internet, und die Push-Benachrichtigung muss aktiviert sein. Nachteil: Der Empfänger muss ebenfalls *Ping* installiert haben.

MMS versenden

Wollen Sie den **M**ultimedia **M**essage **S**ervice nutzen, aktivieren Sie zuerst den MMS-Versand unter *Einstellungen/Nachrichten/MMS-Messaging*.

Dann sehen Sie neben dem Textfeld der SMS bei *Nachrichten* ein kleines Kamerasymbol. Damit können Sie Ihrer Nachricht ein Foto oder Video aus dem Album hinzufügen oder jetzt aufnehmen. Text und Bild/Video werden als MMS verschickt.

In den *Einstellungen/Nachrichten* lässt sich noch *Betreff-Feld anzeigen* aktivieren. Doch Vorsicht: Damit wird die SMS als teurere MMS versendet. Die Betreffzeile ist den zusätzlichen Preis sicher nicht wert.

Kosten für MMS

Eine MMS verursacht höhere Kosten als der SMS-Versand. Sie sollten sicher sein, dass MMS in Ihrem Tarif inklusive ist oder andernfalls den Preis dafür kennen. Die günstigere Alternative ist in jedem Fall eine Mail mit angehängtem Foto oder Video.

Nachrichten verwalten

In der Nachrichtenliste sehen Sie alle Eingänge. Tippen Sie auf einen Namen und Sie sehen in chronologischer Reihenfolge die bisherige SMS-Unterhaltung mit dieser Person. Das iPhone stellt die Konversation mit unterschiedlich farbigen Sprechblasen dar. Am unteren Ende der Blasen ist ein Textfeld, mit dem Sie die Unterhaltung fortführen können.

Tippen Sie in der Nachrichtenliste auf *Bearbeiten*. Vor jedem Namen erscheint das Einfahrt-verboten-Symbol. Damit können Sie komplette Unterhaltungen löschen. Tippen Sie auf das Symbol und bestätigen Sie das Löschen.

Neue Nachrichten anzeigen

Wenn Sie eine neue Nachricht (SMS oder MMS) erhalten, wird sie direkt auf dem Startbildschirm angezeigt. Dazu schaltet das iPhone automatisch den Bildschirm an und zeigt die ersten Textzeilen vor dem Hintergrundbild an.

Wollen Sie die gesamte Nachricht lesen, müssen Sie das iPhone aus dem Stand-by wecken und *Nachrichten* antippen. Ungelesene Nachrichten werden am Nachrichten-Icon mit einer rot-weißen Zahl angezeigt.

Zeit sparen – Textvorlagen nutzen

Haben Sie einem Empfänger schon mal einen Text geschrieben, den Sie noch mal verwenden möchten, dann suchen Sie einfach die entsprechende SMS. Tippen Sie beim *Gesprächsverlauf* auf *Bearbeiten* und setzen Sie dann ein rot-weißes Häkchen vor den gewünschten Text. Unten rechts wird der Weiterleitungspfeil aktiviert. Antippen öffnet eine neue SMS mit dem Text und Sie müssen nur noch einen neuen Empfänger angeben.

Absender anrufen oder zu den Kontakten hinzufügen

Tippen Sie bei *Nachrichten* in der Listenansicht auf die Nummer mit der Nachricht. Ganz oben haben Sie die Wahl zwischen *Anrufen* und *Zu Kontakten*.

Anrufen wählt die Nummer, von der die SMS gesendet wurde.

Zu Kontakten öffnet die Auswahl, einen neuen Kontakteintrag zu erstellen oder die Rufnummer einem bestehenden Kontakt hinzuzufügen. Ist der Absender bereits in Ihren Kontakten vorhanden, wird aus *Zu Kontakten* dann *Kontaktinfo* und öffnet den kompletten Adresseintrag.

Nachricht aus Adressbuch versenden

Eine SMS oder MMS können Sie auch direkt im Adressbuch (Kontakte) öffnen. Gehen Sie zum gewünschten Adresseintrag. Unten links tippen Sie auf *Nachricht*. Es öffnet sich eine Auswahl der zur Verfügung stehenden Rufnummern. Wählen Sie die Telefonnummer aus, und es öffnet sich das Textfeld für SMS bzw. MMS.

6. Portables Büro: Kontakte, Kalender und Office

Das iPhone kommt in seinem Leistungsumfang an ein Netbook heran: Texte, Mails, Kalender, Adressen – viel mehr leisten die typischen Office-Programme auch nicht. Natürlich sind die begrenzte Batterielaufzeit und die fehlende Ausklapptastatur ein Manko für den Büroeinsatz. Aber wir nähern uns, denn eine Funktastatur (per Bluetooth) lässt sich bereits mit dem iPhone nutzen ...

6.1 Kontakte vom PC übernehmen

iTunes bietet Ihnen bei der Synchronisation die Auswahl zwischen Outlook, Google Contacts, Windows-Kontakte und Yahoo-Adressbuch. Diese Adresssammlungen können jeweils komplett oder mit ausgewählten Gruppen auf das iPhone übernommen werden. Die entsprechenden Einstellungen finden Sie auf der Registerkarte *Info*.

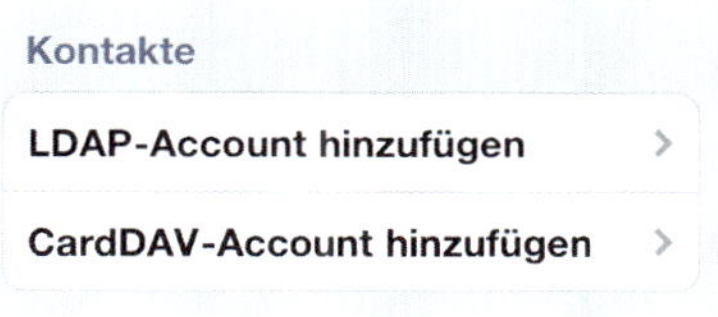

Weitere Adressbücher auf Servern, beispielsweise in einem Unternehmen, können Sie per LDAP- oder CardDAV-Account auf dem iPhone nutzen. Die Zugänge finden Sie unter *Einstellungen/Mail, Kontakte, Kalender/Account hinzufügen/Andere/Kontakte*.

6.2 Kontakte im iPhone anlegen und pflegen

Kontakte übernehmen Sie am schnellsten bei der Synchronisation mit Ihrem Rechner.

Wenn Sie nicht alle Adressen übernehmen möchten oder Ihnen einzelne Adressen fehlen, lassen Sie sich vCards (VCF-Dateien) als Mailanhang schicken. Diese Adresskarten können Sie auf dem iPhone speichern.

Sie können Ihre Adresssammlung erweitern, indem Sie Telefonnummern und Kontaktdaten aus Mails, SMS sowie der Anrufliste übernehmen.

Kontaktdaten individuell erweitern

Neben den klassischen Adressdaten wie Adresse, Telefonnummer und Mail kann ein Kontakteintrag um Felder erweitert werden. Tippen Sie in *Kontakte* auf das Pluszeichen. Am Ende des neuen Eintrags tippen Sie auf *Feld hinzufügen*. Hier finden Sie von *Spitzname* über *Geburtstag* bis *Abteilung* alles, was man für einen Adresseintrag benötigt.

Sollte doch noch etwas fehlen, legen Sie einfach individuelle Felder an. Tippen Sie auf die Bezeichnung vor der Telefonnummer. Damit erhalten Sie eine Übersicht aller *Etiketten*. Ganz unten können Sie über *Eigenes Etikett hinzufügen* ein Eingabefeld öffnen. Tragen Sie hier beispielsweise *Skype* oder den Nutzernamen bei einem Rollenspiel ein. Egal welchen Eintrag Sie später bei einem Kontakt bearbeiten, dieses neue Etikett steht Ihnen ab sofort zur Verfügung.

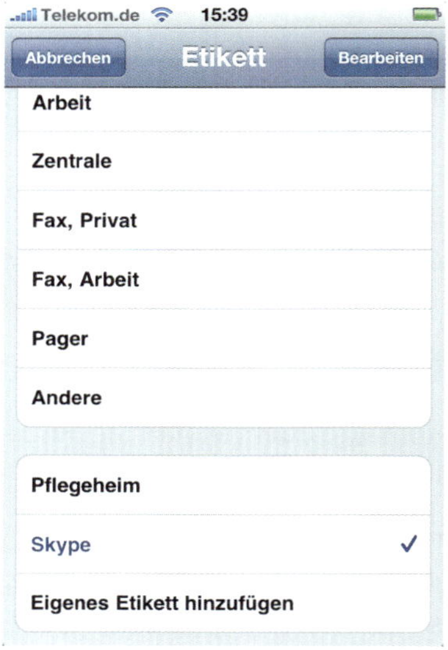

Kontakte bearbeiten und löschen

Tippen Sie in *Telefon* auf *Kontakte*. Einzelne Einträge bearbeiten Sie mit einem Fingertipp auf den Namen. Oben rechts mit *Bearbeiten* können Sie einzelne Elemente ergänzen oder verändern. Mit einem Tipp ganz unten auf *Kontakt löschen* verschwindet der komplette Eintrag.

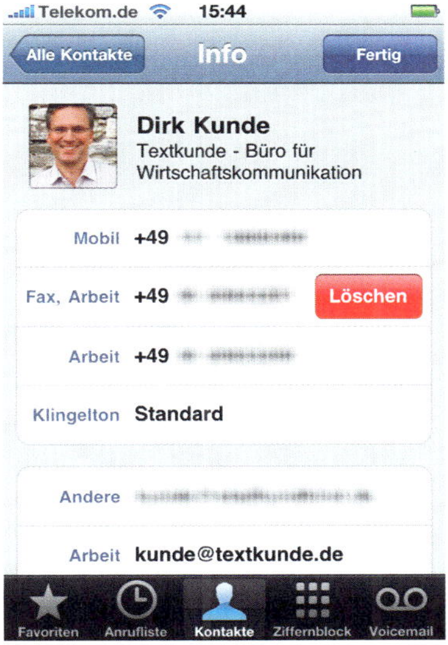

Sie müssen nicht auf *Bearbeiten* tippen, wenn Sie nur einzelne Zeilen, beispielsweise eine Faxnummer, löschen wollen. Wischen Sie mit dem Finger von links nach rechts über die Zeile. Es erscheint ein *Löschen*-Button.

Sollten Sie Ihr iPhone regelmäßig mit Outlook abgleichen, kommt der Adresseintrag wieder, wenn er nicht auch in Outlook gelöscht wird.

In der Praxis bietet es sich an, sein Adressbuch auf dem Computer, beispielsweise in Outlook, zu pflegen. Wurden Adressen gelöscht, klickt man in iTunes unter *Info/Erweitert/Informationen auf diesem iPhone ersetzen* das Häkchen bei *Kontakte* an.

Kontakte schneller finden

Mal angenommen, in Ihren Kontakten gibt es ein halbes Dutzend Martins, die bei Eingabe eines M angezeigt würden. Sie suchen jedoch die Telefonnummer von Klaus Müller. Tippen Sie im Suchfeld (die Lupe über [A] in *Kontakte*) die Initialen [K], [Leerzeichen], [M] ein. Das Suchergebnis zeigt alle Adresseinträge mit passenden Initialen. Ganz oben steht *Klaus Müller*.

Mehrere Adressbücher verwalten

Sollten Sie von Ihrem Heimrechner Adressen auf das iPhone übertragen und im Büro geschäftliche Adressen vom Rechner per Exchange-Funktion übernehmen, dann zeigt das iPhone zwar alle Adressen gemeinsam an, führt aber zwei Adressbücher. Unter *Kontakte* in *Einstellungen/Mail, Kontakte, Kalender* können Sie die Adressbücher getrennt einsehen. Hier legen Sie auch fest, in welches Adressbuch manuell eingetragene Adressen aufgenommen werden.

Adressen mit Apps tauschen und erfassen

Noch immer gibt es bei geschäftlichen Treffen gedruckte Visitenkarten, deren Inhalte man später abtippen muss. Einfacher geht der Adresstausch mit der App *Bump* (kostenlos). Hier legen Sie Ihren Adresseintrag als „Visitenkarte“ fest. Treffen Sie auf einen anderen iPhone-Nutzer mit der App, stoßen Sie die beiden Geräte zusammen, ohne sich wirklich zu berühren. Eine ruckartige Bewegung aufeinander zu genügt, um eine Verbindung herzustellen. Die Adressdaten werden übertragen und tauchen im Adressbuch mit einem Hinweis, wann sie per Bump übernommen wurden, auf. Hat Ihr Gegenüber kein iPhone, nehmen Sie seine Visitenkarte und fotografieren Sie sie mit *Cardreader – Visitenkarten Scanner* (4,99 Euro). Die Software erkennt die Schrift und ordnet sie den Kategorien eines Adresseintrags zu. Das geschieht erstaunlich gut und meist fehlerfrei. Sollte doch mal eine Nummer oder ein Name nicht richtig erkannt werden, kann man den Eintrag per Hand korrigieren.

6.3 Wichtige Kontakte zu Favoriten machen

Rufnummern, die man häufig wählt, sollten Sie in Ihrer Favoritenliste ablegen. Tippen Sie in *Telefon* auf *Favoriten*. Über das Pluszeichen fügen Sie Einträge hinzu. Diese müssen bereits unter *Kontakte* erfasst sein. Für jede Rufnummer wird ein Favoriteneintrag erstellt. Büro-, Privat- und Handynummer sind also drei Einträge.

Favoriten sortieren und löschen

Tippen Sie in den Favoriten auf *Bearbeiten*. Es erscheint das Einfahrt-verboten-Symbol, mit dem Sie Einträge nach einer Bestätigung löschen können.

Die Reihenfolge ändern Sie, indem Sie einen Eintrag rechts bei den drei Streifen antippen und halten. Ziehen Sie den Eintrag dann an die gewünschte Stelle.

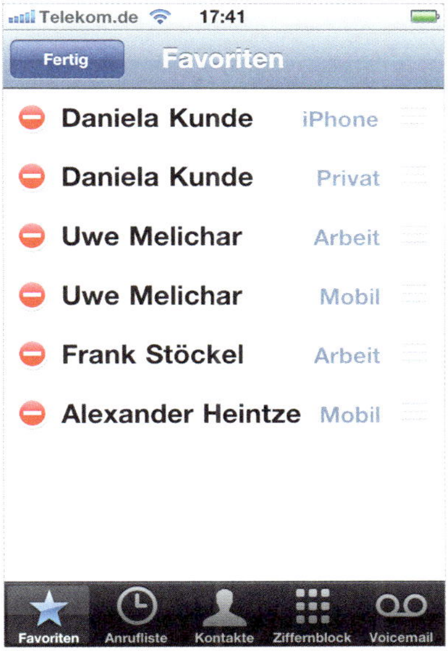

6.4 Kalender mit dem PC synchronisieren

Legen Sie in iTunes im Register *Info* fest, welche *Kalender* mit dem iPhone synchronisiert werden. Dazu wählen Sie das verwendete Programm aus und bestimmen, ob alle oder einzelne Kalender auf dem iPhone dargestellt werden sollen.

Wollen Sie auch bereits länger zurückliegende Termine auf dem iPhone einsehen, müssen Sie die Standardeinstellung von 30 Tagen entsprechend verlängern.

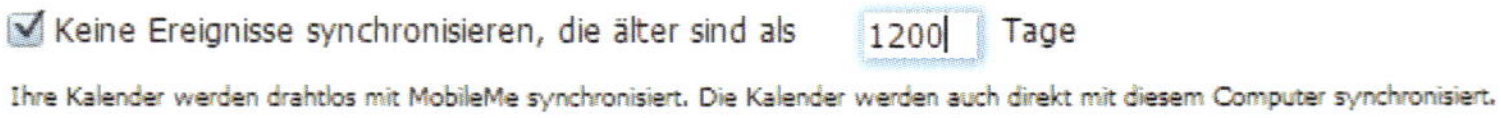

6.5 Kalender praktisch nutzen

Welcher Kalender mit den Terminen auf Ihrem iPhone angezeigt wird, legen Sie im Kalender unter *Kalender* (oben links) fest. Die Einträge unterscheiden sich dann farblich und werden per Häkchen aktiviert.

Im Kalender verändern Sie unten über *Liste/Tag/Monat* die Darstellung der Termine. Probieren Sie aus, was für Sie praktisch ist. Mit einem Fingertipp auf *Heute* kommen Sie immer wieder auf den aktuellen Tag zurück.

Neue Termine anlegen

Neue Termine fügen Sie mit dem Pluszeichen hinzu. Geben Sie dem Termin einen *Titel* und, falls gewünscht, auch einen *Ort*. Tippen Sie auf *Fertig*, dann bestimmen Sie Tag und Uhrzeit für Anfang und Ende des Termins. Das geht sehr einfach mit den praktischen Drehrädern. *Fertig*. Für regelmäßige Termine (Jour Fixe, Geburtstage) geben Sie den Turnus bei *Wiederholen* ein. Unter *Warnhinweis* legen Sie fest, wann Sie an den Termin erinnert werden wollen, um ihn nicht zu verpassen. Unten können Sie noch festlegen, in welchem Ihrer *Kalender* der Termin gespeichert werden soll, falls Sie mehrere verwenden. Unter *Notizen* können Sie sich eine Adresse oder Stichwörter zum Termin notieren.

Kalender abonnieren

Sie können Kalender, die auf einem Server liegen, zur Ansicht abonnieren. Apple bietet diverse Kalender mit Ferienterminen, Sportveranstaltungen, Kirchenfeiertagen und Mondphase unter *www.apple.com/downloads/macosx/calendars* an. Man muss etwas „wühlen", da hier Termine für sämtliche Länder der Welt liegen.

Mac-Nutzer abonnieren den gewünschten Kalender für iCal und synchronisieren die Termine zwischen Rechner und iPhone. Windows-Nutzer klicken in der Webübersicht auf den gewünschten Kalender. Es öffnet sich der Windows-Kalender, und Sie sehen die Adresse des Servers. Kopieren Sie die URL in eine Mail, die Sie sich auf das iPhone schicken. Ein Fingertipp auf den Link öffnet den Kalender und startet das Abonnement.

Wollen Sie die Serveradresse manuell eintippen, gehen Sie zu *Einstellungen/Mail, Kontakte, Kalender/Account hinzufügen/Andere* zu *Kalenderabo hinzufügen*.

Das Abonnement beenden Sie mit *Account löschen* unter *Einstellungen/Mail, Kontakte, Kalender/Kalenderabonnements* und der Auswahl des jeweiligen Kalenders.

Kalender-Einladungen

Wenn Sie in Gruppen arbeiten und eine Einladung zu einem Termin bekommen, können Sie diese direkt beantworten und in Ihren Kalender übernehmen. Voraussetzung dafür ist ein Microsoft-Exchange-Konto oder ein CalDAV-Konto. Ein Kalender bei Google lässt sich beispielsweise als CalDAV-Konto einrichten.

Bei einer Einladung sehen Sie in Ihrem Kalender unten rechts in der Menüleiste die Anzahl der Einladungen als weiß-rote Zahl. Mit einem Fingertipp bekommen Sie die Details zum Termin angezeigt: Zeit, Ort und Teilnehmer. Sie können mit *Annehmen*, *Vielleicht teilnehmen* oder *Ablehnen* auf die Einladung zum Termin reagieren

Der Termin wird in einer anderen Farbe als Ihre übrigen Termine im Kalender angezeigt.

6.6 Word und Excel auf dem iPhone

Die klassischen Office-Programme von Microsoft gibt es noch nicht für das iPhone. Die App *Quickoffice Connect Mobile Suite* (7,99 Euro) ist jedoch ein adäquater Ersatz. Mit diesem Programm kann man Texte und Tabellen auf dem iPhone erstellen und bearbeiten. Lange Textdokumente am iPhone zu tippen dürfte für die wenigsten Nutzer infrage kommen, aber mit dieser App kann man vorhandene Dokumente bearbeiten und weiterreichen. So bleibt im Arbeitsablauf nichts liegen.

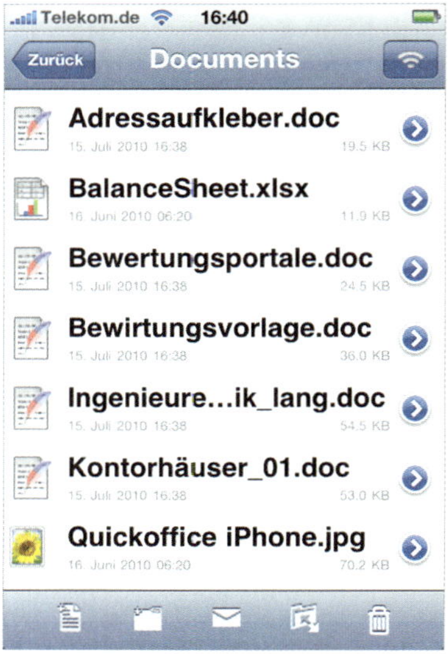

So kommen die Dokumente aufs iPhone

Die Dokumente gelangen auf drei Wegen in den iPhone-Speicher:

- Per Mail: Dateianhänge können nicht direkt im iPhone geöffnet werden, was mit den Zugriffsrestriktionen von Apple auf das Dateisystem zu tun hat. Der Umweg: Sie leiten die Mail samt Anhang an eine Adresse bei *Quickoffice* weiter. Kurz darauf erscheint die Datei im *Quickoffice*-Ordner *E-Mail-Anlagen*.
- WLAN/Browser: Innerhalb eines WLAN-Netzes stellen Sie eine Verbindung zwischen iPhone und Computer her, indem Sie eine Webadresse im Browser auf dem Computer eingeben. Das iPhone hat beispielsweise die IP-Adresse *http://172.16.42.9:4242*. Die tippen Sie in die Adresszeile des Browsers ein. Nachdem Sie Benutzername und Kennwort eingegeben haben, können Sie Dateien vom iPhone zum Computer verschieben und umgekehrt.
- Webserver: Die App kann auf Ihre Dateien bei MobileMe, Google Dokumente, Dropbox sowie box zugreifen oder neue Dokumente an diesem Ort ablegen.

6.7 Das iPhone als Festplatte: Dateien transportieren und übertragen

Sparen Sie sich den USB-Stick. Sie können auch das iPhone als externe Festplatte nutzen und so Dateien transportieren. Das eben beschriebene *Quickoffice*, aber auch diverse Apps wie beispielsweise *Air Sharing* (ab 2,39 Euro) ermöglichen einen Datentransport.

Übertragen Sie eine Datei per WLAN-Verbindung von Ihrem Rechner auf das iPhone. Dazu geben Sie die auf dem iPhone angezeigte IP-Adresse in die Adresszeile des Browsers ein. An Ihrem Ziel verfahren Sie genauso. Das setzt natürlich voraus, dass Sie an Ihrem Zielort auch in das WLAN-Netz dürfen. Apps wie *Air Sharing* unterstützen auch die Verbindung zu Diensten wie MobileMe, Files Anywhere oder WebDAV-Servern.

WebDAV ist ein Übertragungsprotokoll, das etliche Hoster von Diensten auf Servern unterstützen.

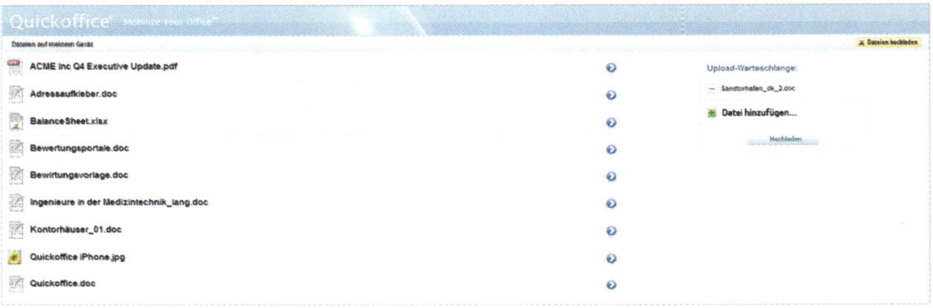

6.8 Ideen festhalten

Das iPhone bietet Ihnen verschiedene Möglichkeiten, Ihre Ideen festzuhalten und weiterzuverarbeiten.

Sprachmemos

Sprachmemos ist die Aufnahmefunktion im iPhone. Ein Fingertipp auf den roten Knopf, und das Mikrofon nimmt Ihre Sprache auf.

Den Mitschnitt schicken Sie dann per Mail auf Ihren Computer.

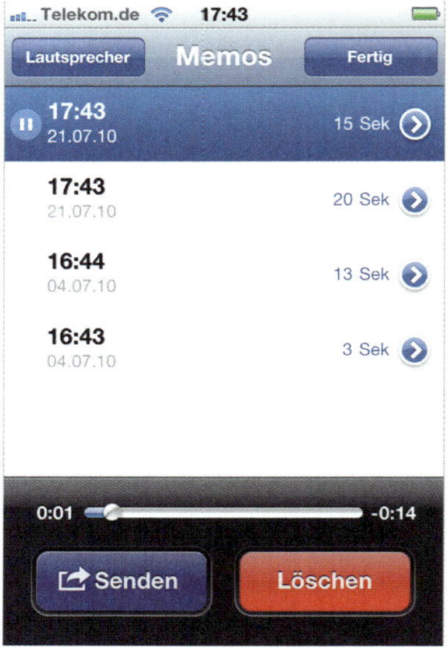

Notizen

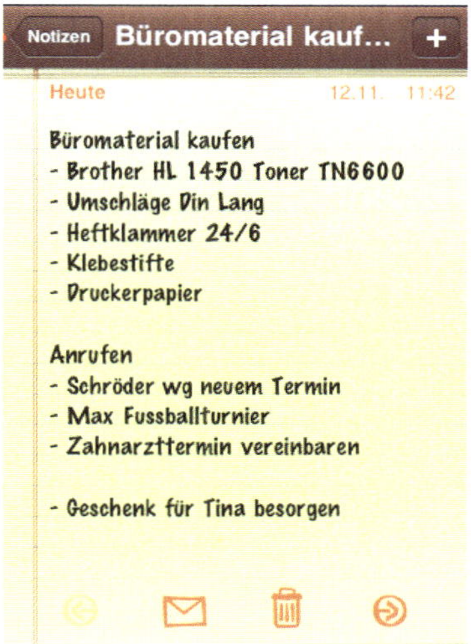

Erinnerungslisten, Einkaufszettel oder sonstige Geistesblitze tippt man am schnellsten in die *Notizen*. Die gelben Zettel lassen sich per Mail und MMS versenden oder beim nächsten Synchronisieren auf den Rechner übertragen und dort weiterverarbeiten.

Mindmapping

Visuell denkende Menschen möchten Ihre Idee als Mindmap festhalten. Symbole und Linien zwischen den Texten visualisieren die Idee oder einen Ablauf. Dafür gibt es im App Store diverse Angebote, wie beispielsweise *iThoughts* (5,99 Euro), *SimpleMind* (5,49 Euro) oder *iBlueSky* (7,99 Euro). Die meisten Apps besitzen Exportfunktionen, sodass Sie die Gedankenskizzen mit entsprechenden Programmen auf Ihrem Rechner weiterbearbeiten können.

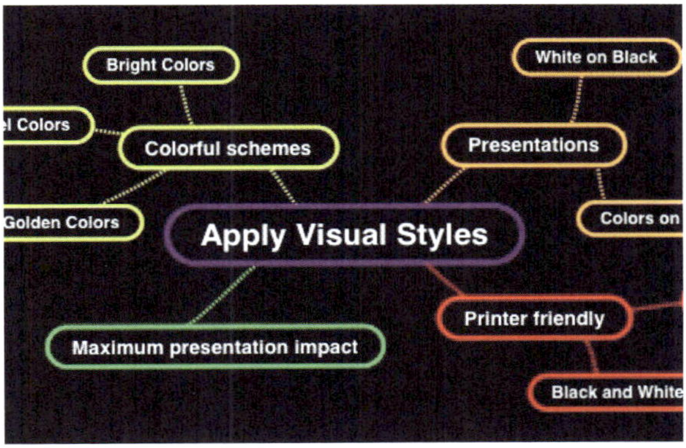

Nichts mehr vergessen

Evernote ist das Elefantengedächtnis, darum hat die kosenlose App auch das Tier im Logo. Das Programm merkt sich auf dem iPhone Fotos, Text- und Sprachnachrichten sowie Webseiten. Sämtliche Notizen werden auf den *Evernote*-Servern gespeichert. Somit sind sie auch von jedem PC oder Mac mit einem Brower zugänglich. Am Rechner kann man auch Webseiten oder nur Ausschnitte davon speichern.

Der Clou der iPhone-App ist jedoch die Bilderkennung. Entdeckt man beispielsweise einen tollen Wein in einem Laden, schießt man ein Foto vom Etikett und lädt es hoch. Als Schlagwort vergibt man den Namen des Ladens. Später kann man nach „Riesling“ suchen, und die App weiß, welches Bild gemeint ist. Die Texterkennung funktioniert auch mit Büchern, Tickets, Anzeigen – Hauptsache die Buchstaben sind scharf getroffen. Für den Abgleich der Notizen zwischen iPhone und Rechner muss man sich noch eine *Evernote*-Software für den Browser installieren.

7. Medien auf dem iPhone

7.1 Musik und Hörbücher

Das iPhone ist ein vollwertiger iPod. Darum heißt das gelbe Icon zur Medienwiedergabe wie das gleichnamige Gerät von Apple. Somit haben Sie Ihre komplette Musiksammlung auf dem iPhone immer dabei. Aber nicht nur das: Auch TV-Serien, Spielfilme, Podcasts, Hörbücher und Uni-Vorlesungen können Sie mit dem iPhone abspielen.

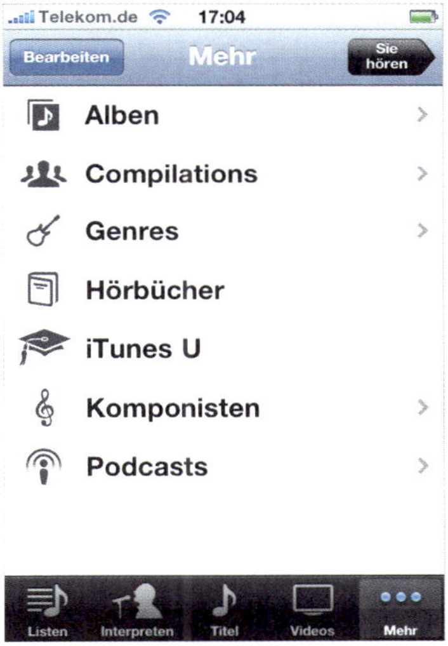

Ihre Musiksammlung und das iPhone

Apple nutzt für Musik aus dem iTunes Store ein eigenes Audioformat (*.m4a*). Das iPhone kann aber auch mit weiteren Formaten problemlos umgehen. Diese Formate unterstützt das iPhone:

Audioformate	Videoformate
AAC (dazu gehören *.m4a*, *.m4b*, *.m4p*)	H.264
Apple Lossless	MPEG-4 (*.mp4*)
MP3	
WAV	
AA, AAX (bei Hörbüchern)	
AIFF	

Wenn Sie mit iTunes die Titel einer CD importieren, wird standardmäßig der AAC-Codierer verwendet. Das Format und die Qualität können Sie in iTunes unter *Bearbeiten/Einstellungen/Allgemein/Beim Einlegen einer CD/Importeinstellungen* verändern.

Ein im Apple Lossless-Format kodierter Musiktitel weist CD-Audioqualität auf und belegt auf dem iPhone etwa halb so viel Speicherplatz wie ein im AIFF- oder WAV-Format kodiertes Lied. Dies ist aber immer noch ein Vielfaches dessen, was derselbe Song im AAC- oder MP3-Format benötigt.

Sie sollten daher in iTunes den AAC-Kodierer beibehalten oder in MP3 kodieren; klanglich werden Sie vermutlich keinen Unterschied hören.

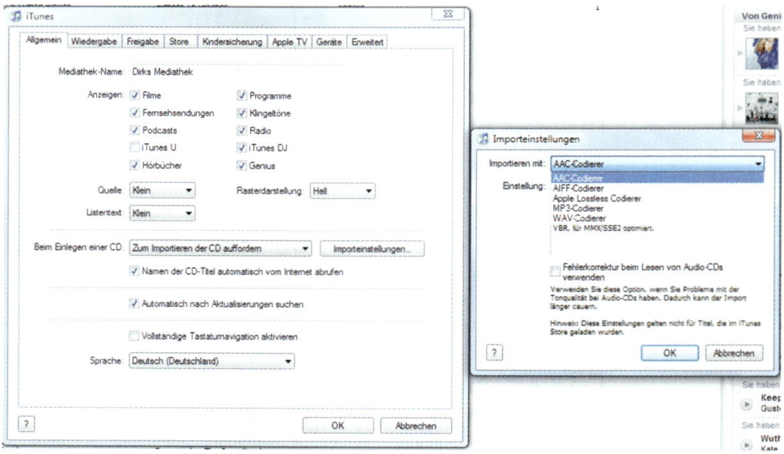

Nutzen Sie einen Windows-Rechner und Ihre Musiksammlung liegt im WMA-Format vor, dann können Sie nicht geschützte Titel mittels iTunes in das AAC- oder MP3-Format konvertieren und danach via iTunes auf das iPhone übertragen.

iTunes hindern, die Sammlung umzusortieren

Wenn Sie bereits über eine große Mediensammlung verfügen, haben Sie diese vermutlich schon nach eigenen Gesichtspunkten sortiert. Bei der Installation fragt iTunes, ob es den iTunes-Medienordner automatisch verwalten soll. Vorsicht! Dabei werden die Dateien unter Umständen neu in Ordner sortiert und umbenannt. Möchten Sie dies vermeiden, wählen Sie bei der Installation *Nein, Dateien und Ordnernamen selber verwalten*. Möchten Sie diese Einstellung später ändern, finden Sie sie unter *Bearbeiten/Einstellungen/Erweitert*.

Titeldaten und Cover ergänzen

Fehlen in Ihrer Musiksammlung Coverabbildungen, lädt iTunes diese aus einer Datenbank. Dazu müssen Sie nur mit Ihrem Nutzerkonto bei iTunes angemeldet sein.

Klicken Sie in iTunes auf den Musiktitel. Nach Betätigung der rechten Maustaste erscheint das Kontextmenü. Klicken Sie hier auf *CD-Cover laden*. Bestätigen Sie die Meldung, und das Cover wird für alle Titel des Albums geladen.

Die Coverabbildungen werden bei der nächsten Synchronisation mit auf das iPhone übertragen. Nur so macht die Funktion Cover Flow auf dem iPhone wirklich Spaß. Fehlt das Cover, wird ein Notensymbol angezeigt.

Für zukünftige Musikimporte aktivieren Sie in iTunes unter *Bearbeiten/Einstellungen/Store* (Mac-Nutzer: *iTunes/Einstellungen/Store*) die Option für das automatische Laden der Coverabbildungen.

Musik aufs iPhone übertragen

Ihre Musik bekommen Sie per Synchronisation vom Rechner auf das iPhone. Klicken Sie unter *iTunes/Geräte/iPhone* auf das Register *Musik*.

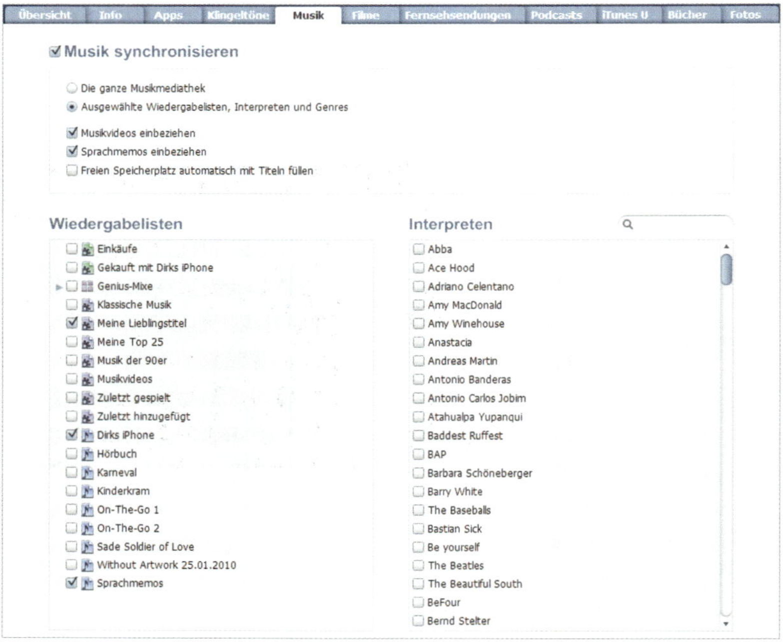

Hier wählen Sie aus, was alles übertragen werden soll. Wenn Sie nicht die ganze Musik-Mediathek übertragen wollen, wählen Sie einzelne *Interpreten*, *Genres* oder *Wiedergabelisten* aus.

Wiedergabelisten erstellen und übertragen

Sie haben Ihre ultimative Zusammenstellung für den Sport oder zum Entspannen in der Hängematte? Machen Sie daraus eine *Wiedergabeliste*.

1 In iTunes legen Sie unter *Datei/Neue Wiedergabeliste* (Mac: *Ablage/Wiedergabeliste*) einen Ordner an. Geben Sie ihm einen eindeutigen Namen, wie z. B. *Laufsongs*.

2 Ziehen Sie mit der Maus passende Lieder aus der *Mediathek/Musik* in die *Wiedergabeliste*. Damit kopieren Sie die Lieder nicht, sondern ziehen nur die Titelbeschreibung in die jeweilige Liste. Wenn Sie eine Liste entfernen, löschen Sie nur die Verknüpfung zum Lied.

3 Vor dem Synchronisieren mit dem iPhone setzten Sie Häkchen bei den gewünschten *Wiedergabelisten*. Im iPod finden Sie bei *Listen* Ihre Zusammenstellung wieder.

Auf dem iPhone erstellen Sie Wiedergabelisten im iPod unter dem Menüpunkt *Listen/Liste hinzufügen*. Geben Sie Ihrer Liste einen Namen. Aus Ihren Musiktiteln können Sie über das blau-weiße Plus einzelne Lieder hinzufügen. Mit *Fertig* beenden Sie die Auswahl, die Sie aber später noch innerhalb der Liste mit *Bearbeiten* erweitern können.

Genius: automatisch passende Mixe

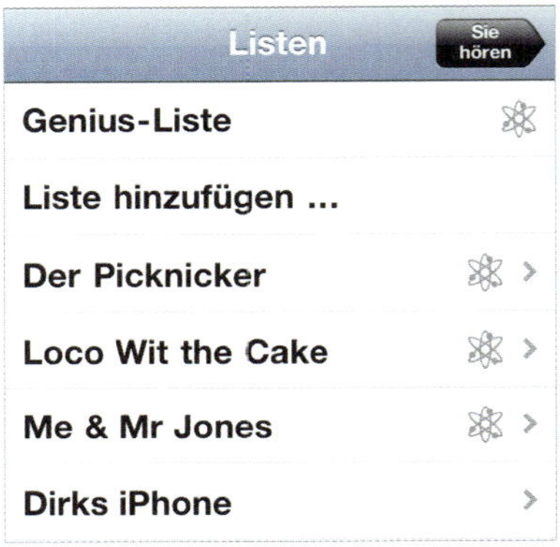

Die Genius-Funktion ist ein Analyseprogramm von Apple. Es analysiert Ihre Musik und schlägt passende Lieder vor, die Ihnen ebenfalls gefallen könnten. Wählen Sie im iPod unter *Listen/Genius-Liste* aus. Wählen Sie einen Song aus und starten Sie ihn. Gehen Sie mit der Pfeiltaste (oben links) zurück zur Genius-Liste und tippen Sie auf *Aktual*. Das Programm ordnet nun passende Lieder der Liste hinzu. Ein Tipp auf *Speichern* sichert die Wiedergabeliste unter dem Namen des ersten Songs.

Lieder wünschen beim iTunes DJ

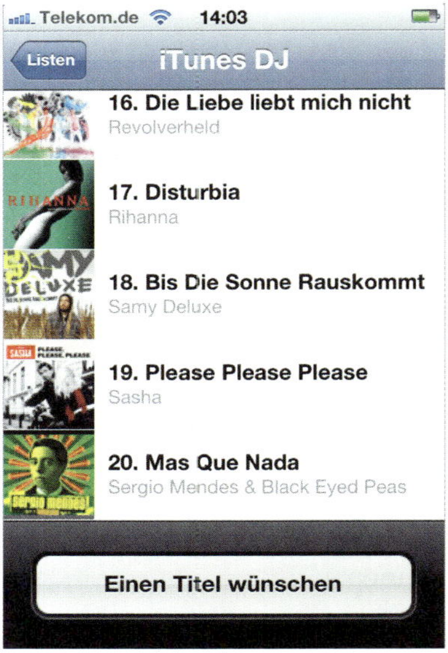

iTunes hat einen virtuellen DJ für Ihre Party eingebaut. Ziehen Sie einfach die besten Partysongs in die gleichnamige Wiedergabeliste. Die Songs werden nacheinander mit Überblendung abgespielt. Wie viele Sekunden für die Überblendung genutzt werden, legen Sie in iTunes unter *Bearbeiten/Einstellungen/Wiedergabe/Titel überblenden* fest.

Wenn Ihre Gäste auch ein iPhone benutzen, können sie sich beim DJ Lieder wünschen. Dazu benötigen sie die kostenlose App

Remote (Seite 156). Öffnen Sie Ihr WLAN. Hier können Sie für iTunes ein Passwort festlegen und es Ihren Gästen mitteilen. Die können sich dann Lieder aus Ihrer Liste wünschen. Je mehr Leute sich ein Lied wünschen, desto höher rückt es in der Wiedergabeliste des DJs auf.

Das iPod-Menü nach Ihren Wünschen anpassen

In der unteren Menüleiste des iPods ist Platz für fünf Rubriken. Wenn da nun *Podcasts* steht, Sie aber keine nutzen, macht das wenig Sinn. Passen Sie die Menüleiste Ihrer Nutzung an. Tippen Sie auf *Mehr/Bearbeiten*. Nun ziehen Sie mit dem Finger die gewünschte Rubrik in die Menüzeile, beispielsweise *Videos* auf *Podcasts*. Die beiden tauschen die Plätze. Tippen Sie auf *Fertig*, und die Menüleiste bleibt, wie Sie sie arrangiert haben.

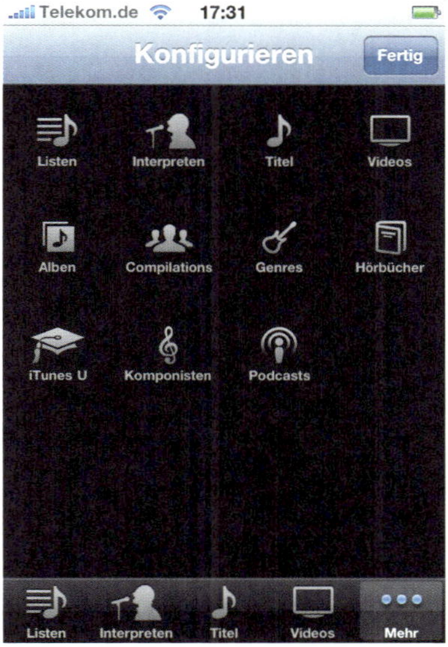

iPod-Wiedergabe steuern

Tippen Sie auf *iPod* und drehen Sie das iPhone ins Querformat. Bei *Listen*, *Interpreten* und *Titel* wird automatisch auf die Cover-Flow-Darstellung umgeschaltet. Blättern Sie mit Ihrem Finger durch Ihre Sammlung.

Ein Tipp auf das Cover oder das kleine *i* dreht es um, und Sie sehen die einzelnen Titel. Ein Tipp auf den Titel startet das Lied. Wollen Sie das komplette Album hören, tippen Sie in der Cover-Flow-Ansicht unten links auf das Play-Symbol.

Wenn Musik auf dem iPhone läuft und der Bildschirm im Stand-by ist, bringt Sie ein Doppelklick auf die Home-Taste zu den Steuerungselementen. Sie können *Pause, Play, Vor* und *Zurück* antippen, ohne das iPhone entriegeln zu müssen.

Die Wiedergabe von Liedern oder Hörbüchern funktioniert auch im Hintergrund, also wenn Sie auf dem Display eine andere App nutzen.

So starten Sie den Zufallsmodus

Schütteln Sie Ihr iPhone bei der Wiedergabe, springt es in den Zufallsmodus (Shuffle). Es wird ein Lied nach dem Zufallsprinzip abgespielt. Die Funktion lässt sich unter *Einstellungen/iPod* deaktivieren. Hier finden Sie auch den Equalizer, um den Klang der Musik anzupassen.

Halten Sie Ihr iPhone hochkant und tippen Sie im iPod auf *Titel*. Der oberste Eintrag ist *Zufällig*. So können Sie den Zufallsmodus auch starten.

Musikwiedergabe per Sprache steuern

Drücken Sie die Home-Taste so lange, bis die Sprachsteuerung aktiviert ist (blauer Hintergrund, akustisches Signal). Sagen Sie beispielsweise „Spiele U2“ oder auch während einer Wiedergabe „Vorwärts“ (Seite 68).

Zielgenauer in einem Titel spulen

Wenn Sie sich das geniale Gitarrensolo in einem Lied noch einmal ganz genau anhören wollen, hilft Ihnen die Scrubbing-Funktion. Tippen Sie im iPod während der Wiedergabe auf den weißen Punkt in der oberen Menüzeile. Mit diesem Punkt können Sie in einem Lied vor- und zurückspulen.

Die Standardgeschwindigkeit liegt bei 100 %. Um bestimmte Stellen in einem Lied besser finden zu können, reduzieren Sie das Tempo. Die weiteren Schritte sind 50 %, 25 % und *fein*. Ziehen Sie mit dem Finger auf dem weißen Punkt nach unten. Sie sehen, wie sich die Scrubbing-Geschwindigkeit verändert. Jetzt können Sie auch weiter unten auf dem Bildschirm mit Ihrem Finger nach links oder rechts wischen. Damit finden Sie dann die Stelle mit der Gitarre.

iPod mit Sleep Timer nutzen

Der Timer lässt sich auch in Verbindung mit dem iPod nutzen. Wenn Sie zum Einschlafen noch etwas Musik hören wollen und das Gerät sich nach einer bestimmten Zeit ausschalten soll, verwenden Sie einfach den Timer in der Uhr. Dazu halten Sie *Timer-Ende* gedrückt. Es erscheint ein Bildschirm mit Klingeltönen, die man hört, wenn der Timer abgelaufen ist. Hier interessiert allerdings nur die oberste Option *iPod-Ruhezustand*. Klicken Sie sie an und drücken Sie *Auswählen*. Jetzt legen Sie die Laufzeit fest und klicken auf *Starten*. Dann beginnen Sie mit der Musikwiedergabe, die automatisch beendet wird.

Musik und Hörbücher online kaufen

Mit iTunes können Sie direkt auf Ihrem iPhone Musik und Hörbücher kaufen. Dazu benötigen Sie Ihr iTunes-Nutzerkonto, das Sie bei der Aktivierung angelegt haben. Hierüber werden Ihre Einkäufe abgerechnet. Die Hörbücher finden Sie im iPod unter *Mehr/Hörbücher*. Wie bei den Liedern können Sie eine kostenlose Hörprobe (Clip) starten.

Die meisten Lieder und Hörbücher lassen Sie unterwegs im 3G-Mobilfunknetz auf das iPhone laden. Das gilt auch für komplette Alben, Spielfilme und TV-Serien, doch ohne WLAN-Netz müssen Sie Geduld mitbringen. Der Download per 3G dauert mitunter sehr lang.

Hörbücher besser abspielen

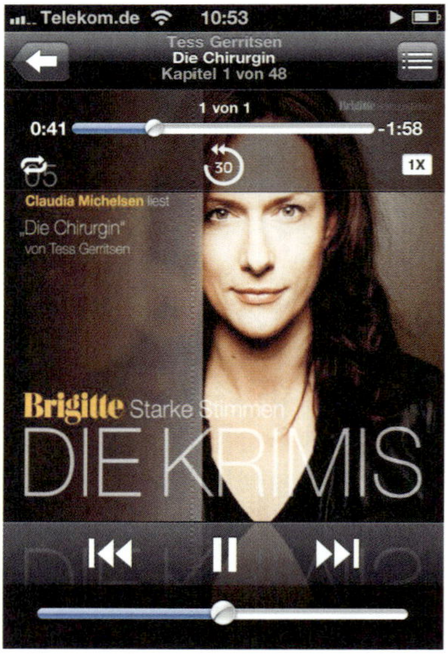

Ein Hörbuch starten Sie im iPod genau wie ein Lied, allerdings stehen bei der Wiedergabe einige zusätzliche Optionen zur Verfügung. Ein mehrstündiges Hörbuch werden Sie kaum an einem Stück anhören. Um nach Unterbrechungen den „Faden" wieder aufzunehmen, springen Sie einfach eine halbe Minute zurück. Dann sind Sie wieder in der Erzählung. Tippen Sie dazu auf das Kreissymbol mit der 30.

Wem der Vorleser zu langsam ist, der kann die Wiedergabe beschleunigen: Man kann sich das Buch in doppelter Geschwindigkeit anhören (2x). Einen schnellen Vorleser zu bremsen funktioniert auch: Ein weiterer Fingertipp auf den Knopf, und Sie hören das Buch in halber Geschwindigkeit (1/2x).

Podcasts abonnieren

iTunes enthält eine große Sammlung von Hör- (Podcasts) und Videobeiträgen (Vodcasts), die unter der Rubrik *Podcasts* zusammengefasst sind.

Um keine Folge zu verpassen, sollten Sie die gewünschte Serie abonnieren. Sobald eine neue Folge verfügbar ist, erhalten Sie einen Hinweis. Sämtliche verfügbaren Serien, von Amateuren oder Profis, kostenlose oder kostenpflichtig, finden Sie in iTunes unter *Podcasts*.

Podcasts funktionieren auch als „Radio auf Abruf“. Etliche ARD-Anstalten, Das Erste, die Deutsche Welle und private Radio- und TV-Stationen stellen hier Beiträge zum Download bereit.

Direkt aus dem Hörsaal

Die Rubrik *iTunes U* gehört zum Bildungsbereich. Das U steht für **U**niversity. Hier stellen, hauptsächlich amerikanische, Unis Vorlesungen, Seminare und Kolloquien als Audio- oder Videomitschnitt zur Verfügung. Den Großteil dieses Angebots können Sie kostenlos nutzen.

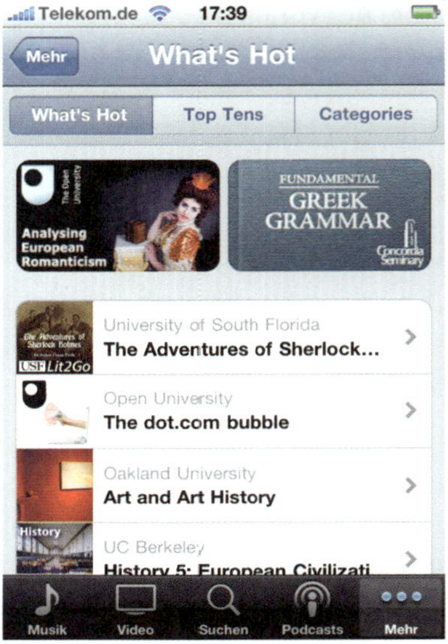

Songtexte integrieren

Wenn Sie mitlesen oder mitsingen wollen, was der Sänger oder die Sängerin da gerade von sich gibt, importieren Sie einfach die passenden Liedtexte in iTunes:

1 Klicken Sie auf Ihrem Rechner in iTunes auf ein Lied. Mit der rechten Maustaste öffnen Sie das Kontextmenü. Unter *Informationen/Liedtext* öffnet sich ein Textfeld, in das Sie Liedtexte kopieren können.

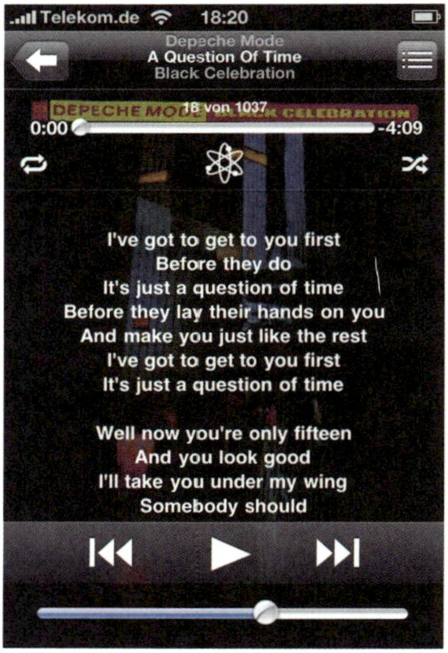

2 Die gängigsten Titel populärer Bands und Interpreten finden Sie im Song-Wiki *lyrics.wikia.com* oder bei *Gracenote.com*. Letztere ist die Datenbank, aus der iTunes die Albuminformationen beim Einlesen einer Musik-CD bezieht.

3 Bei der nächsten Musiksynchronisation wird der Text mit auf das iPhone übertragen. Während der Wiedergabe im iPod tippen Sie im Hochformat auf das Cover, dann können Sie den Text mitlesen oder mitsingen.

Vorsicht bei Lyrics-Seiten!

Vom Suchen nach einem einzelnen Songtext in Google ist von Zeit zu Zeit abzuraten. Merkwürdigerweise sind gerade Webseiten, die Songtexte kostenlos anbieten, sehr häufig virenverseucht. Nutzen Sie zur Sicherheit lieber die in diesem Abschnitt genannten Quellen und Möglichkeiten.

Das manuelle Kopieren ist extrem zeitaufwendig, vor allem wenn Sie eine große Musiksammlung besitzen. Kostenlose Programme wie Soundcrank.com automatisieren den Liedtext-Import in iTunes. Für Mac-Nutzer gibt es das kostenlose Programm Gimme Some Tune (*www.eternalstorms.at/gimmesometune*).

Wenn Sie nicht den Umweg über Ihren Rechner gehen wollen, finden Sie diverse Anwendungen im App Store wie *Lyrics* (kostenlos), *Lyrics Finder* (0,79 Euro) oder *Pocket Lyrics* (0,79 Euro), die ebenfalls Liedtexte anzeigen. Die kostenlose App *TuneWiki – Lyrics + Radio* spielt Lieder aus der eigenen iPod-Sammlung und zeigt bei bestehender Onlineverbindung die aktuelle Textzeile an.

Remote: die Fernbedienung für die Musiksammlung

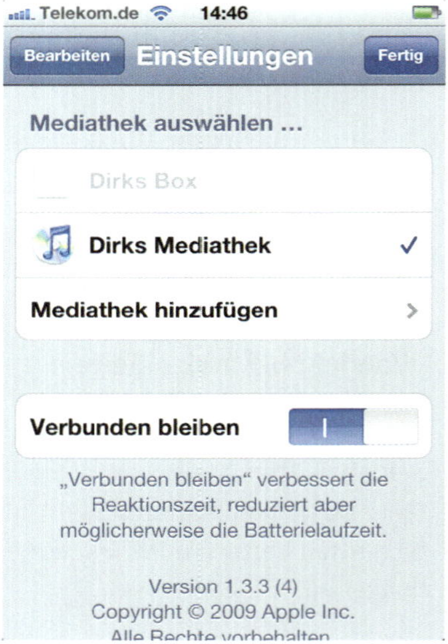

Laden Sie sich die kostenlose App *Remote* von Apple auf Ihr iPhone. Damit wird Ihr Smartphone zur Fernbedienung. Sie können alle Medien auf Ihrem Rechner steuern, ohne vor dem Bildschirm zu sitzen. Die App funktioniert auch als Fernbedienung für Apples TV-Box. Sie können mehrere Mediatheken, also sowohl die auf dem Bürorechner als auch auf dem Heimrechner, mit der App steuern.

Bei der Wiedergabe werden, wenn vorhanden, die Coverabbildungen der Alben oder Filme auf dem iPhone angezeigt. Sie können mit *Remote* Titel oder Wiedergabelisten starten, stoppen, vorspulen und die Lautstärke verändern.

Einzige Voraussetzung: Das iPhone und zu steuernde Geräte müssen im selben WLAN-Netz eingebucht sein.

1 Tippen Sie in *Remote* auf *Mediathek hinzufügen*. Sie sehen einen vierstelligen Code.

2 Starten Sie Ihren Rechner mit iTunes. Es erscheint ein Eingabefeld, in das Sie den Code eingeben. Dann sind iPhone und Rechner miteinander verbunden.

3 Beim nächsten Start von *Remote* verbinden sich die Geräte automatisch, wenn Sie im selben WLAN-Netz funken. Haben Sie in *Remote* die Option *Verbunden bleiben* aktiviert, verbessert sich zwar die Reaktionszeit, wenn Sie das iPhone wieder aus dem Stand-by holen und als Fernbedienung nutzen, doch geht dies zu Lasten der Batterielaufzeit.

7.2 TV-Serien und Spielfilme

iTunes bietet mehr als nur Musik. Sie können in der Rubrik *Video* komplette Spielfilme, Musikvideos und einzelne Folgen von TV-Serien kaufen bzw. ausleihen.

Episoden und Filme bei iTunes erwerben

TV-Serien lassen sich als einzelne Folgen oder als komplette Staffel in iTunes kaufen. In der Regel kostet eine Folge 1,99 Euro und die Staffel 19,99 Euro. Sobald eine Staffel also mehr als zehn Folgen hat, lohnt sich der Paket-Kauf. Die TV-Serien erwirbt man genau wie die Musik.

Spielfilme gibt es sowohl zum Kauf (zwischen 5,99 Euro und 13,99 Euro) als auch im Verleih (2,99 Euro/3,99Euro). Mit ihrem DVD-Start in Deutschland sind die Filme auch in iTunes verfügbar. Die Kaufoption ist dabei Standard, die Leihoption folgt in einigen Fällen zeitlich verzögert.

Beim Ausleihen hat man nach dem Download 48 Stunden Zeit, den Film so oft, wie man möchte, anzuschauen. Innerhalb dieser Frist kann man den Film auch auf den Computer oder ein iPad übertragen oder dort weiterschauen. Wer gezielt nach Leihfilmen sucht, sollte in iTunes unter *Filme/Top-Filme* (ganz unten) und dann weiter unter *iTunes-Charts/Top-Leihfilme* schauen.

Meist ist der Film oder die TV-Serie auch in HD-Auflösung vorhanden und kostet einen Euro mehr. Doch macht die High-Definition-Auflösung auf dem iPhone keinen qualitativen Unterschied.

Film der Woche

Die 37,5 Quadratzentimeter des iPhones können mit keiner Kinoleinwand mithalten. Aber eine Zugfahrt oder längere Wartezeiten kann man sich mit einem Spielfilm verkürzen. Wer es mal ausprobieren möchte, dem sei der Film der Woche empfohlen. Jede Woche gibt es bei iTunes einen Spielfilm für 99 Cent. Apple bewirbt das nicht auf der Startseite von iTunes, doch auf Webseiten wie *99centfilm.de* oder *www.apfelticker.de* findet man (oben rechts) den aktuellen Titel.

Eigene Videos fürs iPhone konvertieren

Wenn Sie auf Ihrem PC Videos im Quicktime-Format MOV, MP4 oder unkomprimierte DV-Dateien besitzen, kann iTunes diese für das iPhone konvertieren. Importieren Sie den Clip in iTunes über *Datei/Datei zur Mediathek hinzufügen*. (Mac-Nutzer: *Ablage/Zur Mediathek hinzufügen*). Wechseln Sie zum Ordner *Filme* und klicken Sie das Video an. Dann wählen Sie unter *Erweitert* die Option *Version für iPod oder iPhone* an (das ist für Mac-Nutzer identisch). Das Programm erstellt eine Version, die auch das iPhone wiedergeben kann. Vor der nächsten Synchronisation müssen Sie die Dateien zur Übertragung in iTunes auswählen: *Geräte/iPhone/Filme*. Entweder wählen Sie alle Filme aus oder Sie setzen nur Häkchen bei Filmen, die synchronisiert werden sollen.

Alte Spielfilme in der Hosentasche

Unter der Webadresse *Hollywoodpocket.com* öffnen Sie in Ihrem Safari-Browser ein Taschenkino mit Filmklassikern. Ein französischer Filmfan hat hier in den Rubriken *Action*, *Comedy*, *Horror*, *Drama* und *Dokumentation* rechtefreie Filme zusammengestellt. Das sind meist „alte Schinken“ im Originalton, viele in Schwarz-Weiß, aber alle kostenlos. Filmfans finden hier Streifen mit Fred Astaire, Charlie Chaplin oder den Kleinen Strolchen (The Rascals). Ein Fingertipp auf das Filmplakat, und der Film startet formatfüllend im iPhone-eigenen Player. Für optimalen Kinogenuss im Hosentaschenformat sollten Sie aber eine WLAN-Verbindung haben.

Wenn iTunes das Videoformat nicht erkennt

Sollte iTunes das Format Ihres Videos nicht erkennen oder wiedergeben, helfen andere Programme bei der Umwandlung für das iPhone. Insbesondere für Filme im Flash-Format, wie sie viele Videoplattformen nutzen, hat sich das kostenlose Programm Videora bewährt. Sie finden aber auch auf der Seite *www.dvdvideosoft.com/de/* sowohl diverse Programme zum Konvertieren von Videos für das iPhone oder iPad als auch für den Download von YouTube.

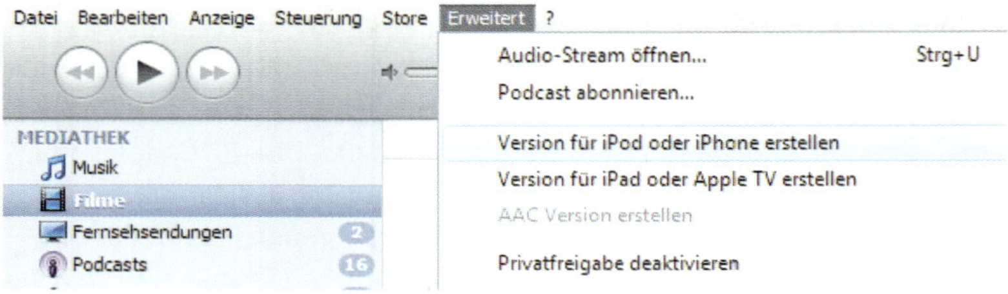

Spartipp: kostenlose TV-Serien

Folgen der TV-Serien Stromberg, Pastewka oder Ladykracher können Sie für 1,99 Euro bei iTunes kaufen. Wenn Sie die Folge aber nur einmal sehen möchten und nicht unbedingt besitzen müssen, gibt es eine günstige Alternative. Die Produktionsfirma Brainpool stellt etliche Folgen der genannten Serien auf ihrer Videoplattform MySpass.de kostenlos zur Verfügung.

/ Installieren Sie auf Ihrem PC das kostenlose Downloadprogramm Orbit-Downloader (*www.orbitdownloader.com*). Starten Sie das Programm. Öffnen Sie dann im Browser die Seite *www.myspass.de* und wählen Sie Ihre Wunschfolge aus. Starten Sie die Wiedergabe. Die Grab-Funktion von Orbit erkennt das Video. Achtung, meist ist noch ein Werbespot vorgeschaltet!

Geben Sie der Datei einen Namen und bestimmen Sie, wo die Folge auf Ihrer Festplatte gespeichert werden soll. Wenn Sie den Firefox-Browser nutzen, gibt es mit dem One-Click YouTube Downloader ein praktisches Add-on, das ein Herunterladen von Filmen auf sämtlichen Video-Streaming-Seiten stark vereinfacht.

2 Zur Umwandlung von Flash in ein iPhone-taugliches Format benötigen Sie das kostenlose Programm Videora (*www.videora.com*). Hier starten Sie die Konvertierung unter *Convert/Video File*. Im *Normal Mode* werden Sie Schritt für Schritt durch den Prozess geführt. Erfahrene Nutzer oder solche, die gleich mehrere Folgen konvertieren möchten, klicken auf den *Power Mode*. Unter *View Conversion Progress* sehen Sie den Fortschritt der Umwandlung.

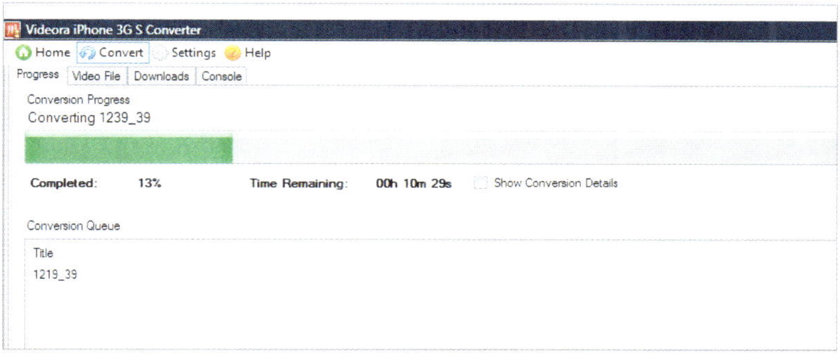

Clips aus YouTube müssen nicht erst über den Umweg des Orbit-Downloaders geladen werden. Das Programm kann Videos direkt aus YouTube herunterladen. Leider gilt das nicht für MySpass.de.

Aus einer 116 MByte großen Flash-Datei (*.flv*) macht Videora eine 265 MByte große MP4-Datei für das iPhone. Das Konvertieren einer 20-minütigen Serienfolge dauert ca. 15 Minuten. Das Programm legt die konvertierte Datei direkt in den richtigen iTunes-Ordner auf Ihrem PC, wenn das unter *Settings* so ausgewählt ist. In der iTunes-Mediathek sehen Sie die Folgen unter der Rubrik *Filme*.

3 Jetzt müssen Sie die Folgen noch auf Ihr iPhone übertragen. Verbinden Sie Ihr iPhone und den Rechner mit dem USB-Kabel. Wählen Sie unter *Geräte/iPhone/Filme* die einzelnen Folgen aus, die Sie übertragen möchten. Klicken Sie dann unten rechts auf *Synchronisieren*. Auf dem iPhone finden Sie die Folgen unter *iPod/Videos*.

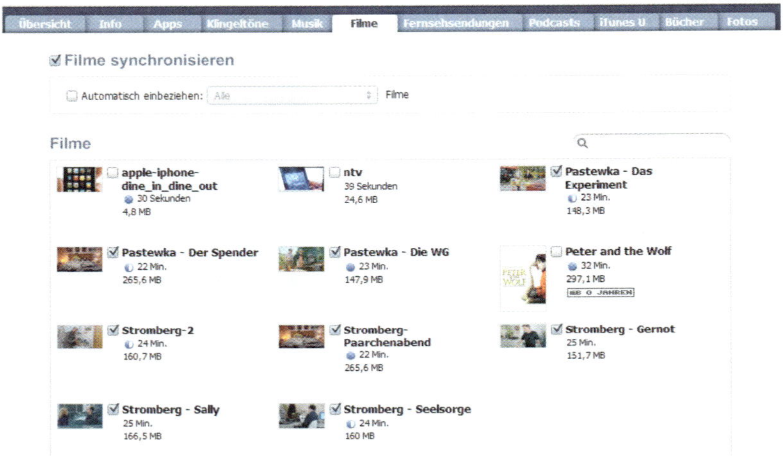

7.3 Bücher

Mit dem iOS 4 kam der iBookstore sowie das hölzerne Bücherregal auf das iPhone. Die kostenlose App *iBooks* ist als einfaches Holzregal gestaltet. Auf den einzelnen Ablagebrettern liegen sowohl die Cover der erworbenen Bücher als auch PDF-Dokumente.

Ein Fingertipp auf *Store* dreht das Regal um, wie eine Geheimtür in alten Kriminalfilmen. Damit betritt man Apples Buchladen. Mit einem Tipp auf *Bibliothek* verlässt man den Laden wieder und sieht das Regal mit seinen Titeln.

Bücher kaufen

Der Kauf eines Buches unterscheidet sich nicht sonderlich vom Kauf eines Liedes. Man schaut in den *Charts*, der *Übersicht*, *Im Spotlight* oder per *Suche* nach seinem Wunschtitel. Dazu werden das Cover, der Preis, die Anzahl der Kundenrezensionen sowie eine Kurzbeschreibung angezeigt. Mit einem Tipp auf *Auszug* erhält man eine Kostprobe in sein Bücherregal, in der man stöbern kann. Bei einem Buchkauf wird über das Nutzerkonto wie im App Store oder in iTunes bezahlt.

Kostenlose Bücher finden

Wer zu Beginn testen möchte, ob das Lesen auf dem kleinen Display angenehm ist, findet in den *Charts* und auch in der *Übersicht* etliche kostenlose Titel. „Max und Moritz“, „Robinson Crusoe“ und „Die Verwandlung“ haben zwar kein ansprechendes Cover, sind aber Teil des Projekts Gutenberg und somit frei verfügbar. Ein Fingertipp auf *Gratis* legt das Buch ins Regal. Auch bei den kostenpflichtigen Büchern kann man sich erst mal einen Auszug herunterladen.

Lesezeichen setzen und synchronisieren

Hört man mit seiner Lektüre auf, kann man die Stelle mit einem Lesezeichen markieren. Dazu tippt man oben rechts auf das Bändchen, es färbt sich rot. Tippt man auf das Listensymbol (drei Linien), kann man unter *Lesezeichen* alle gesetzten Bändchen mit Seitenzahl und Datum ansehen. Ein Tipp auf das Lesezeichen führt direkt zu der Seite.

Hat man beim Start der App die Option der Lesezeichen-Synchronisation aktiviert und nutzt beispielsweise ein iPad mit dem gleichen Rechner und iTunes-Nutzerkonto, so werden die Lesezeichen zwischen den Geräten abgeglichen. Man liest dann an gleicher Stelle auf dem iPad weiter, an der man auf dem iPhone aufgehört hat.

Markierungen, Anmerkungen und Wikipedia-Suche

Bei Lehr- und Sachbüchern ist es besonders praktisch, sich Stellen im Buch mit einem gelben Marker unterstreichen zu können. Auch eigene Notizen zu einer Passage im Buch sind möglich. Dazu hält man den Finger länger auf eine Textstelle. Es erscheint die Auswahl: *Kopieren, Lexikon, Markieren, Notiz, Suchen*. Unter Notiz öffnet sich ein gelber Zettel, auf den man seine Anmerkungen tippen kann. Später lassen sich diese Stellen mit Datum und Seitenzahl schnell wiederfinden. Ein Fingertipp auf das Listensymbol im Buch genügt. Unter *Lesezeichen* und *Markierungen & Notizen* sind alle Fundstellen aufgeführt.

Wenn man wissen möchte, wie oft oder wo ein bestimmtes Wort vorkommt, hält man es mit dem Finger gedrückt. Es erscheint die Auswahl, bei der man auf *Suche* tippt. Jetzt werden alle Fundstellen aufgelistet. Ganz unten hat man die Auswahl *Mit Google suchen* und *Wikipedia-Suche*, wenn man mehr zur Bedeutung des Wortes wissen möchte.

Mailanhänge in iBooks öffnen

Ein PDF-Dokument, das man als Anhang per Mail auf das iPhone bekommt, lässt sich direkt in *iBooks* öffnen. Dazu tippt man in der Mail auf den angezeigten Anhang. Oben rechts erscheint nun die Schaltfläche *In iBooks öffnen*. Falls mehrere Apps infrage kommen, öffnet ein Tipp auf *Öffnen in ...* ein Auswahlmenü. Ein Fingertipp auf *iBook* legt das PDF-Dokument ins Holzregal.

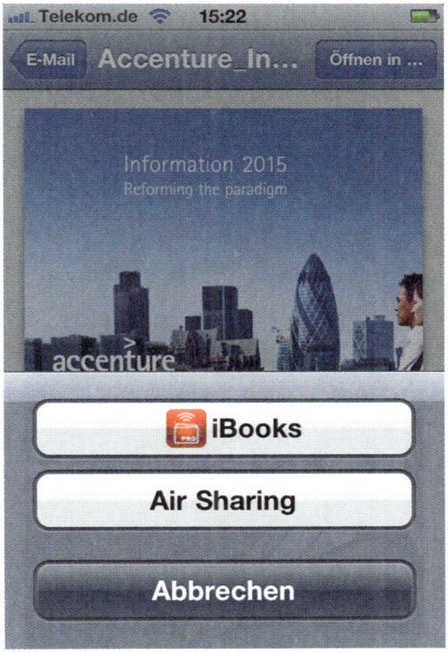

Öffnen in ... ermöglicht eine Auswahl zwischen iBooks und der App Air Sharing, wobei das rote App-Logo fälschlicherweise bei iBooks angezeigt wird.

PDFs in iTunes hinzufügen

Sie können PDF-Dokumente per iTunes vom Rechner auf das iPhone per Synchronisation übertragen. Dazu wählen Sie über *Datei/Datei zur Mediathek hinzufügen* das Dokument aus. Es taucht nun in Ihrer Mediathek unter *Bücher* auf. Mit einem Klick auf die rechte Maustaste öffnen Sie das Kontextmenü. Unter *Informationen/Optionen* können Sie nachschauen, ob die Medienart *Buch* korrekt ausgewählt wurde, und Details wie Verlag oder Autor nachtragen.

Ist das iPhone angeschlossen, wählt man im Reiter *Bücher* entweder *Alle Bücher* oder nur bestimmte Titel zur Synchronisation aus. Nach dem Datenabgleich steht im Bücherregal in der oberen Menüzeile neben *Bücher* nun *PDFs*.

Bücher vorlesen lassen

Sie können sich die Bücher aus *iBooks* vorlesen lassen. Das funktioniert mit dem VoiceOver. Dazu müssen Sie unter *Einstellungen/Allgemein/Bedienungshilfen* den Home-Dreifachklick auf *VoiceOver* stellen (Seite 61). Unter VoiceOver auf der gleichen Einstellungsseite können Sie die *Lesegeschwindigkeit* (möglichst langsam) einstellen und in der *Sprachenliste* die Sprachen auf Deutsch und Englisch (für das mitgelieferte Winnie the Pooh) einstellen.

Wenn Sie nicht mehr selbst lesen mögen, klicken Sie bei einem in der *Bibliothek* geöffneten Buch drei Mal auf die Home-Taste, das *VoiceOver* wird aktiviert. Ein Fingertipp auf die aktuelle Seite startet die Vorlesefunktion. Der Sprecher klingt etwas „blechern" und auch mit der Betonung hapert es, aber für eine paar Seiten kann man die Vorlesefunktion nutzen. Wieder drei Mal die Home-Taste tippen, und die Funktion ist deaktiviert.

Weitere Buchläden und E-Book-Reader

Neben Apples iBookstore gibt es eine reichhaltige Auswahl weiterer Apps, in denen Bücher gekauft oder E-Books gelesen werden können. Dazu zählen: *textunes eBooks*, *Kindl* (Amazon), *booq*, *Stanza*, *Txtr* oder *uBooks*.

Wer nach deutschsprachiger Literatur sucht, ist mit textunes gut bedient. Hier finden Sie neben Buchtiteln auch etliche Magazine. Die Orientierung fällt leicht, da sie an Apples Buchladen angelehnt ist. Auch hier kann man vor dem Kauf kostenlose Leseproben einsehen.

Elektronische Bücher selbst erstellen

Mit zwei kostenlosen Werkzeugen können Sie auf Ihrem PC oder Mac auch eigene E-Books erstellen. Die Programme Calibre oder Stanza helfen Ihnen dabei.

Calibre ist für Experten und häufige Nutzer die beste Wahl. Das Programm hat eine enorme Funktionsvielfalt. Sie können die Seitengestaltung und Textformatierung verändern, Sie können Metadaten und Coverabbildungen zu Ihrem Buch hinzufügen.

Das fertige Buch oder auch ein längerer Word-Text sollte im Format EPUB (**E**lectronic **Pu**blication) gespeichert werden. Dieses offene Format hat sich zum De-facto-Standard bei E-Books entwickelt. Auch Apples Tablet, das iPad, setzt im iBooks Store auf dieses Format. Es ermöglicht auch das Einbinden von Kopierschutzmaßnahmen (DRM).

Wählen Sie im Programm Stanza unter *Datei/Export Book as/ePub*. Geben Sie der Datei einen Namen. Die Datei wird über das eigene WLAN-Netz auf das iPhone übertragen. Starten Sie die App *Stanza* auf dem iPhone. Unter *Bücher/Computer mit Freigaben* finden Sie Ihren Titel, wenn Sie auf dem PC dem Datenzugriff zugestimmt haben. Dann können Sie *Download* auf dem iPhone antippen, und das E-Book wird übertragen.

Stanza ist sehr einfach zu bedienen, doch sieht man dem Programm auf dem Rechner an, dass es noch in der Entwicklung steckt, denn viele Menüpunkte wechseln zwischen Englisch und Deutsch.

Kostenlose Desktop-Programme zum Herunterladen: *http://calibre-ebook.com*, *http://www.lexcycle.com* (Stanza).

8. Foto und Video

Mit der eingebauten Fünf-Megapixel-Kamera können Sie sowohl Fotos mit einer Auflösung von 2.592 mal 1.936 Bildpunkten schießen als auch HD-Videos (720p) aufnehmen. Die Kamera hat eine Autofokusfunktion, Sie können auch manuell den Schärfepunkt im Bild festlegen. Mit dem digitalen Zoom lassen Sie Objekte näher heranholen und mit dem LED-Blitz dunkle Motive aufhellen. Auf Wunsch werden Fotos mit Ihrem Standort (Geoposition) versehen. Dadurch ergeben sich viele tolle Möglichkeiten, die wir Ihnen in diesem Kapitel vorstellen.

8.1 Fotografieren mit dem iPhone

Tippen Sie auf *Kamera*. Der animierte Verschluss öffnet sich und zeigt das Bild der Kameralinse. Der Schieber unten rechts steht automatisch auf dem Kamerasymbol. Für die Videofunktion müssen Sie ihn nach rechts schieben.

1 Das iPhone hat zwei Kameras. Standardmäßig sehen Sie das Bild der Rückseitenkamera. Mit einem Fingertipp auf das Symbol oben rechts wechseln Sie zur Frontkamera.

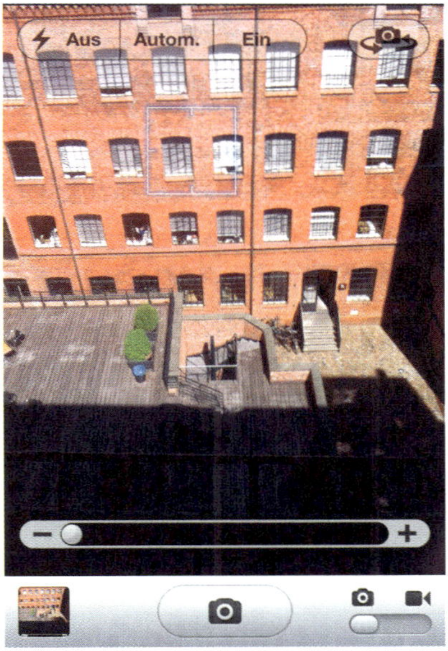

2 Wählen Sie den Bildausschnitt. Die Kamera fokussiert automatisch. Möchten Sie einen anderen Bereich des Bildes scharf stellen, tippen Sie mit dem Finger auf den gewünschten Bereich, es erscheint ein blaues Viereck. Dieser Bereich wird scharf gestellt.

3 Für gute Bilder benötigen Sie ausreichend Licht, und das Fotoobjekt sollte sich nicht zu schnell bewegen. Bei Objekten in Bewegung sollten Sie das iPhone in die gleiche Richtung mitbewegen, um ein scharfes Bild zu schießen.

4 Reicht das natürliche Licht nicht aus, können Sie den LED-Blitz hinzuschalten. Die Standardeinstellung ist *Automatisch*. Tippen Sie auf das Blitzsymbol, haben Sie die Wahl zwischen dauerhaft *Ein* oder *Aus*.

5 Zum Auslösen tippen Sie auf das große Kamerasymbol unter dem Bildausschnitt. Erst wenn Sie Ihren Finger vom Symbol nehmen, löst das iPhone aus. Das heißt, Sie können den Bildausschnitt noch verändern oder dem Objekt in der Bewegung folgen, bevor das Bild gemacht wird. Sobald Sie loslassen, ist der animierte Verschluss zu sehen und Sie hören den Verschlussklick einer klassischen Spiegelreflexkamera. Wenn Sie das Klicken stört, deaktivieren Sie es mit dem seitlichen Stummschalter.

6 Unten links in der Menüleiste sehen Sie eine Minivorschau des geschossenen Fotos. Ein Fingertipp darauf öffnet den Foto-Ordner. Hier können Sie durch sämtliche Bilder blättern.

So bekommt das iPhone einen Selbstauslöser

Die iPhone-Kamera besitzt keinen Selbstauslöser. Schade, wenn Sie mit auf das Foto wollen. Abhilfe schaffen Apps wie beispielsweise *Autotimer* (0,79 Euro), *Selbstauslöser* (0,79 Euro) und *Auto Cam – Selbstauslöser* (kostenlos).

8.2 Geotagging – Fotos mit Ortsangabe

Das iPhone versieht jedes Foto mit geografischen Koordinaten: Längen- und Breitengrad. Diese Angaben können mit speziellen Programmen zur Fotobearbeitung sowie einigen Webseiten wiedergegeben bzw. angezeigt werden.

Im iPhone lassen sich Fotos auch nach Aufnahmeort anzeigen.

Fotos in Google Earth darstellen

Für Reise- und Wandertagebücher ist diese Funktion sehr praktisch. Panoramio (*www.panoramio.com*) ist ein Tochterunternehmen von Google, somit lassen sich die eigenen Fotos auch in Google Earth darstellen.

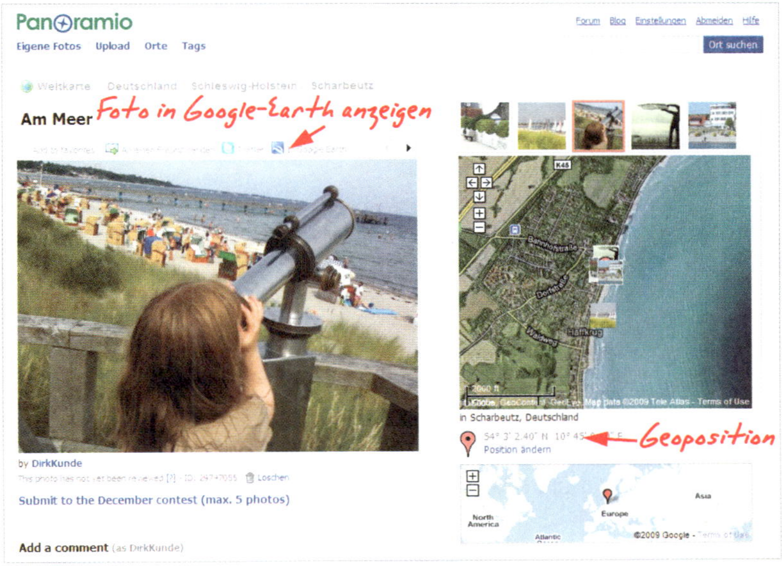

Im kostenlosen Nutzerkonto hat man die Wahl, ob das Foto in einer Weltkarte oder bei Google Earth angezeigt werden soll. Die Bilder kann man per Mail an Freunde verschicken oder per Twitter versenden.

Fotos in Google Maps anzeigen

Ein deutscher Dienst ist Locr (*de.locr.com*). Hier lässt sich sehr genau festlegen, wer die Bilder sehen darf. Der Fotodienst nutzt Google Maps, um die Position der Bilder anzuzeigen. Dabei wird sogar die Blickrichtung des Fotografen dargestellt, was allerdings nicht immer einwandfrei funktioniert (wie man am Beispielbild erkennen kann).

Geotagging deaktivieren

Wenn Sie das Speichern des Aufnahmeortes beim Fotografieren abschalten wollen, deaktivieren Sie unter *Einstellungen/Allgemein* die *Ortungsdienste* für die *Kamera*.

8.3 Fotos verwalten

Direkt nach dem Auslösen sehen Sie links unten in der Menüleiste das verkleinerte Bild. Ein Fingertipp darauf öffnet die Fotosammlung.

Bilder komfortabel betrachten – der Überblick

Je nachdem, in welcher Ansicht Sie sich befinden, stehen Ihnen verschiedene Optionen bei der Fotobetrachtung zur Verfügung.

Einzelbildansicht	
Blättern	Mit dem Finger nach links/rechts wischen Alternativ: auf die Pfeiltasten tippen
Vergrößern/Verkleinern	Mit zwei Fingern „pinchen“ (siehe S. 40)
Zurück zur Ausgangsgröße	Doppeltipp auf den Bildschirm
Bild im Querformat	iPhone kippen
Bild löschen	Tipp auf Mülltonnensymbol
Optionen: Versenden (Mail, MMS, MobileMe), einem Kontakt zuweisen, als Hintergrundbild verwenden	Tipp auf Optionensymbol 

Übersicht/Albumansicht	
Blättern	Mit dem Finger nach oben/ unten wischen
In Einzelbildansicht wechseln	Miniaturbild antippen
Wechsel zwischen den Ordnern: Alben, Ereignisse (mit iPhoto) und Orte	Tipp auf den Ordner
Diashow starten	Auf Play-Schaltfläche tippen
Weitere Optionen: Versenden (Mail), Kopieren in Zwischenablage, Löschen	Tipp auf Versandsymbol

Diashow starten

Tippen Sie auf *Fotos*, sodass Sie ein Bild im Vollformat sehen. Dies ist Ihr Startbild. Tippen Sie unten in der Menüleiste auf das Play-Symbol, und die Diashow beginnt. Wenn Sie zuvor den iPod mit Musik gestartet haben, werden Ihre Bilder mit Liedern unterlegt.

Die Details zur Diashow legen Sie unter *Einstellungen/Fotos* fest.

Mehrere Bilder zusammen versenden

Sie können bis zu fünf Bilder mit einer Mail versenden. Tippen Sie in der Übersicht der Aufnahmen auf das Optionensymbol. Wählen Sie jetzt bis zu fünf Bilder aus, diese werden daraufhin mit rot-weißen Häkchen markiert. Tippen Sie auf *Senden/Per E-Mail senden*.

Jetzt müssen Sie noch Empfänger und Text hinzufügen. Beim Absenden erhalten Sie eine Auswahl, in welcher Auflösung die Bilder verschickt werden sollen.

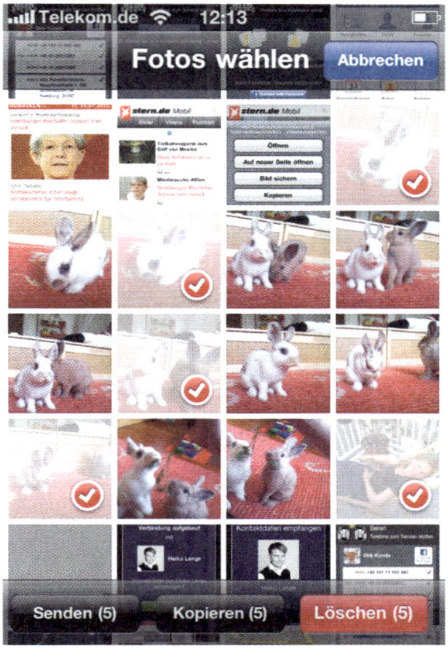

Bilder in unterschiedlichen Auflösungen versenden

Das iPhone reduziert die Bildgröße beim Versand per Mail, es wird auf bis zu 320 x 340 Bildpunkte verkleinert. Beim Versenden erhalten Sie eine Auswahl, in welcher Größe das Bild verschickt werden soll. Zur Ansicht reichen *Klein* oder *Mittel* vollkommen aus. Wollen Sie das Bild hingegen später drucken oder weiterbearbeiten, benötigen Sie die volle Bildgröße und sollten es in *Originalgröße* versenden.

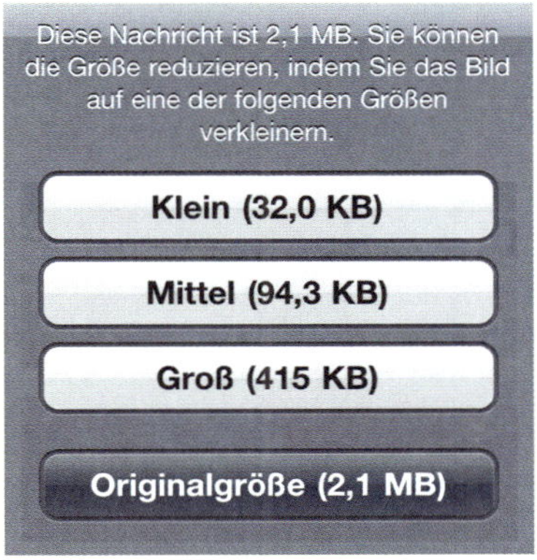

Bildschirmfoto (Screenshot) machen

Drücken Sie gleichzeitig die Home-Taste und den An-/Ausschalter. Der Bildschirm wird kurz weiß, und Sie hören das Verschlussgeräusch der Kamera. Das Bild des Bildschirms liegt als PNG-Datei im Fotoalbum.

Fotos auf den Rechner übertragen

Nutzen Sie einen Windows-Rechner, können Sie Ihre Fotos und Videos direkt per Datei-Manager auf Ihre Festplatte ziehen. Sobald Sie Ihr iPhone und den Rechner mit dem USB-Kabel verbinden, öffnet sich eine Auswahlbox, mit der Sie den Datei-Manager starten. Mac-Nutzer machen das nicht mit dem Finder, sondern importieren Bilder mit iPhoto. Fotos lassen sich an jedem Rechner vom iPhone auslesen, nicht nur am „Heimrechner“, mit dem Sie die übrigen Inhalte synchronisieren.

iTunes unterstützt auf beiden Betriebssystemen die Programme Photoshop Album 1.0 und Elements 3.0 von Adobe.

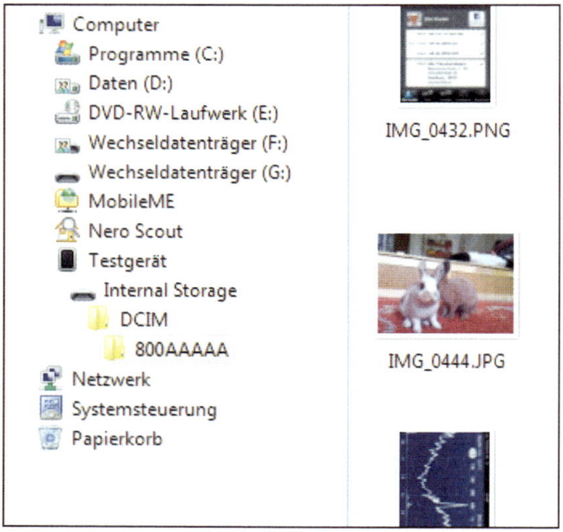

Sie sollten nicht sämtliche Fotos zwischen iPhone und Rechner synchronisieren. Das Fotoalbum auf dem iPhone wird im Laufe der Zeit immer voller und damit immer größer. Der Datenabgleich zwischen beiden Geräten dauert von Mal zu Mal länger.

Das Fotoalbum sollten Sie per Datei-Manager regelmäßig „entmisten". Sie können aber auch selektiv Fotos synchronisieren, um den Speicher im iPhone schlank zu halten und den Datenabgleich nicht unnötig zu verlängern. Wählen Sie vor der Synchronisation einfach die Ordner auf Ihrer Festplatte aus, deren Inhalte abgeglichen werden sollen. Das können jeweils die jüngsten Bilder sein (Ordner nach Datum) oder nach Anlässen (Taufe, Geburtstag, Urlaub etc.) sortiert.

Mehr Übersicht – eigene Bilderordner auf dem iPhone

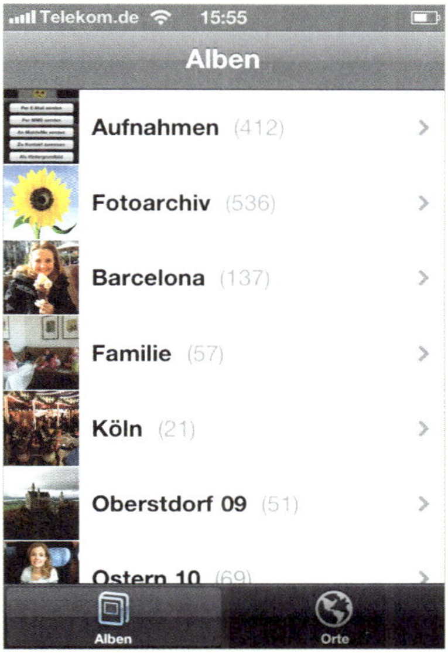

Wenn Sie einen oder mehrere Ordner auf dem PC, der/die Bilder enthalten, mit dem iPhone synchronisieren, landen diese alle im Album *Fotoarchiv* auf dem iPhone. Das wird schnell sehr unübersichtlich. Erstellen Sie stattdessen auf dem PC im Foto-Ordner, den Sie synchronisieren möchten, Unterordner mit sprechenden Namen und sortieren Sie dort Ihre Bilder ein. Nach der Synchronisation landen zwar wieder alle Bilder unter *Fotoarchiv*, zusätzlich aber auch unter den gewählten Unterrubriken. Das iPhone zeigt sogar das erste Bild des Ordners als Icon an.

8.4 Bilder auf dem iPhone optimieren

Das Fotoprogramm auf dem iPhone bietet keine Möglichkeiten zur Bildbearbeitung. Wenn Sie einen Ausschnitt verändern wollen, Helligkeit oder Kontraste anpassen möchten, dann benötigen Sie eine zusätzliche App. Die Auswahl im App Store ist in diesem Bereich enorm vielfältig.

Adobe, führender Anbieter von Bildbearbeitungssoftware, bietet mit *Photoshop.com Mobile* eine kostenlose App. Leider ist das Menü nur in Englisch und die Funktionen sind auf Beschneiden, Drehen, Farbkorrekturen und einige wenige Effekte beschränkt.

Weitaus mehr Möglichkeiten zur Bearbeitung von Fotos bietet *Photogene* (2,39 Euro). Mit dem Programm können Sie Ausschnitte, Schärfe, Farben, Kontrast und Helligkeit von Bildern verändern. Hinzu kommen Rahmen und Sprechblasen, die sich mit Text füllen lassen. Spiegeln, farbige Hintergründe und diverse Effekte sorgen für Bearbeitungsmöglichkeiten, wie man sie sonst nur am PC hat. Die bearbeiteten Bilder lassen sich als neue Datei speichern oder per Mail versenden.

Noch einfacher ist die Nutzung des *Photomizers* (2,99 Euro). Die App korrigiert Fotos automatisch, benötigt dazu allerdings eine Onlineverbindung.

Beeindruckende Panoramaaufnahmen liefert *Autostitch* (2,39 Euro). Sie schießen mehrere Aufnahmen eines Motivs im Hoch- oder Querformat. Dabei sollte der Bildausschnitt jeweils überlappen, sodass die Software die Bilder zusammensetzen kann. Das fertige Bild können Sie noch beschneiden und dann speichern, versenden oder zu einem Fotodienst hochladen.

Fotos drucken

Wollen Sie die Bilder auf dem iPhone – bearbeitet oder nicht – ausdrucken, existiert leider noch kein vorinstallierter Druckertreiber. Der Umweg führt über den App Store. Dort gibt es von diversen Druckerherstellern kostenlose Apps, mit denen sich Fotos drahtlos über das WLAN an den jeweiligen Drucker im Netzwerk schicken lassen. Bei Hewlett-Packard heißt es *iPrintPhoto 2.0*, bei Epson *iPrint*, bei Lexmark *LexPrint* und bei Canon *Easy-PhotoPrint for iPhone*. Diese Apps sind leider auf bestimmte Druckermodelle der jeweiligen Hersteller begrenzt.

8.5 Videos am iPhone drehen, schneiden und hochladen

Starten Sie die Fotokamera, Sie sehen unten rechts einen kleinen Schieber. Ziehen Sie den grauen Punkt auf das Videokamerasymbol. Damit wird aus dem Kamerasymbol (Auslöser) in der Mitte des Menübalkens ein roter Punkt.

Aufnahme starten

Ein Fingertipp auf den roten Punkt startet die Videoaufnahme, was Ihnen auch akustisch durch einen Ping signalisiert wird. Halten Sie das iPhone bei der Aufnahme im Querformat. Sämtliche Player spielen Videos im Querformat ab. Filmen Sie im Hochformat, haben Sie später breite, schwarze Streifen im Bild. Das iPhone nimmt im HD-Format (720p) mit 30 Bildern pro Sekunde auf. Sie können beim Filmen auch den LED-Blitz als „Filmlampe" hinzuschalten. Tippen Sie oben links auf das Blitzsymbol und dann auf *Ein*.

Abspielen: einzelne Szenen schneller finden

Wenn Sie fertig sind, spielen Sie den Film mit einem Fingertipp auf das weiße Dreieck ab. Schnelles Anwählen einzelner Szenen funktioniert am besten mit der Bildleiste über dem Video. Den Cursor können Sie verschieben, um markante Stellen in den Aufnahmen wiederzufinden. Halten Sie den Finger länger auf dem Cursor, fährt die Bildleiste weiter in die Breite. Damit erkennen Sie die einzelnen Szenen besser.

Videoclips kürzen

Suchen Sie sich für Ihre Videoaufnahme nach Möglichkeit einen ruhigen Anfangs- und Endpunkt. Ist das Video zu lang geraten, können Sie es direkt auf dem iPhone kürzen. Die Funktion heißt *Trimmen*. Tippen Sie den Rahmen der Bildleiste an, und er wird gelb. Jetzt ist die Trimmfunktion aktiv. Ziehen Sie den Anfangspunkt nach rechts oder den Endpunkt nach links. So kürzen Sie Ihr Video. Wenn Sie fertig sind, tippen Sie auf *Trimmen*. Dann haben Sie die Wahl: *Original trimmen* oder *Als neuen Clip sichern*. Letzteres belastet Ihren Speicher, weil Sie nun zwei Videoclips haben.

Ist Ihr Video fertig gekürzt, haben Sie die Möglichkeit, es per Mail oder MMS zu versenden. Sie können es auch zu MobileMe oder der Videoplattform YouTube hochladen.

Filme mit iMovie schneiden

Mac-Nutzer kennen das Schnittprogramm iMovie vielleicht von ihrem Rechner. Das gibt es auch als App (3,99 Euro) für das iPhone. Damit lassen sich Videoaufnahmen bearbeiten: Szenen kürzen, Fotos einblenden, Übergänge einfügen, Vor- und Abspänne machen sowie Musik unterlegen. Allerdings erfordert es etwas Geschick, auf der kleinen Fläche die Filme zu bearbeiten. Die fertigen Videos können Sie in unterschiedlichen Größen per Mail oder MMS verschicken, zu MobileMe oder YouTube hochladen.

Video zu YouTube hochladen

Wenn Sie sich für YouTube entscheiden, benötigen Sie dort ein eigenes (kostenloses) Konto. Wurde Ihr Benutzername und Ihr Kennwort akzeptiert, können Sie einen Titel und Schlagwörter (Tags) für das Video vergeben sowie eine Kategorie auswählen. Das iPhone komprimiert danach den Videoclip und überträgt ihn zu YouTube, es muss also eine Verbindung zum Internet bestehen.

Sobald das Video übertragen ist, sehen Sie eine Auswahlbox. Mit *Anzeigen auf YouTube* wechseln Sie zur gleichnamigen App auf dem iPhone. Hier wird Ihnen unter *Meine Videos* der Clip angezeigt. Ein Tipp auf *Ankündigen* öffnet eine Mail mit einem Link zum Video. So können

Sie andere wissen lassen, dass es ein neues Video von Ihnen gibt. In die Mail können Sie natürlich mehrere Empfänger eintragen.

Auf der Webseite von YouTube haben Sie in Ihrem Konto noch die Möglichkeit, Ihr Video zu erweitern. Das machen Sie jedoch am Rechner, da die Seite in Safari auf dem iPhone sehr unübersichtlich ist.

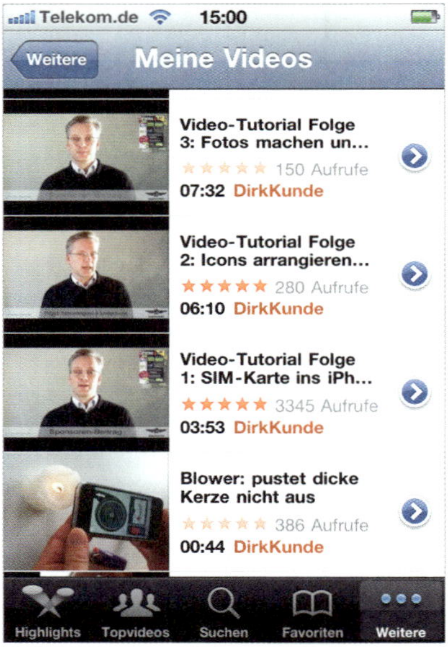

Sie können aus einer vorhandenen Musikbibliothek Titel auswählen und unter Ihr Video legen. Außerdem können Sie Anmerkungen ins Bild einblenden und Untertitel vergeben. Den Ort der Aufnahme können Sie in Google Maps anzeigen lassen und weitere Schlagwörter vergeben, unter denen die Aufnahme gefunden werden soll. Sie können auch ein Thumbnail bestimmen. Das ist ein kleines Foto, das in der Übersicht als Standbild zu sehen ist.

Direktzugriff per Datei-Manager oder iPhoto

Sobald Sie Ihr iPhone an einen Windows-Rechner anschließen, öffnet sich ein Fenster: *Bilder importieren* oder *Windows-Explorer öffnen*. Im Explorer (Datei-Manager) haben Sie direkten Zugriff auf den Foto-Ordner, in dem auch die Videos liegen. Wählen Sie *Apple iPhone/Internal Storage/DCIM/xxx*. Sie können die Videos per Mausklick, also ohne den Umweg über iTunes, auf Ihre Festplatte ziehen. Mac-Nutzer verwenden dafür iPhoto 5.

YouTube-Videos anschauen

Starten Sie YouTube über das Symbol mit dem klassischen Fernseher. Über *Highlights* und *Topvideos* erhalten Sie Empfehlungen für Videos. Über *Suche* und *Favoriten* verwalten Sie Ihr eigenes Programm. Während der Videodienst als Plattform für kurze Clips gestartet ist, finden sich hier heute sogar komplette Spielfilme und Web-TV-Serien, und das in HDTV-Qualität. Doch nicht alle Videos bei YouTube, das zu Google gehört, lassen sich auf dem iPhone abspielen: Sie müssen in einem bestimmten Format vorliegen (Seite 107). Um Videos ohne Unterbrechung und in bestmöglicher Qualität auf dem iPhone zu sehen, sollten Sie eine WLAN-Verbindung haben.

Sobald Sie ein Video abspielen, müssen Sie das iPhone ins Querformat drehen, um den Film anzuschauen. Ein Fingertipp auf den Bildschirm blendet während der Wiedergabe die Steuerungsmöglichkeiten ein. Sie sehen, wie lang der Film ist, an welcher Stelle im Clip Sie sich befinden und wie viel vom Video noch geladen werden muss. Sie können vor- und zurückspulen und natürlich pausieren. Ein Fingertipp auf das Buchsymbol fügt das Video Ihren Favoriten hinzu. Der Briefumschlag öffnet eine Mail mit dem Link zum Video. Ein Tipp auf *Fertig*, und Sie gelangen zurück zur Übersicht.

YouTube-Konto und Favoriten

Videos, die man anderen zeigen möchte, lassen sich auch aus der Übersicht per Mail versenden. Wenn Sie sich selbst eine Sammlung von Lieblingsvideos anlegen möchten, nutzen Sie dazu die *Favoriten* oder die *Liste*.

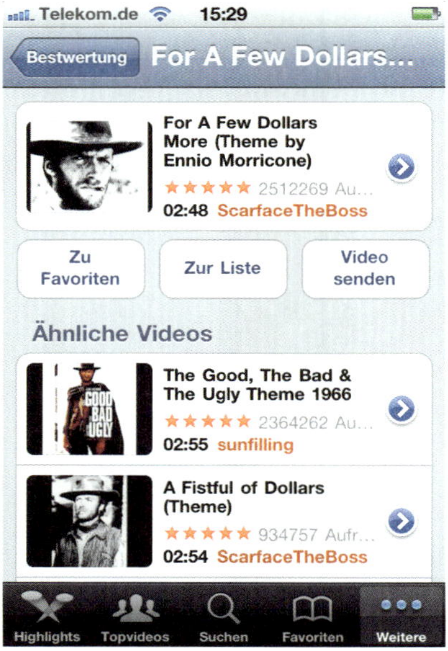

Zum Speichern der Favoriten benötigen Sie allerdings ein Konto bei YouTube. Falls Sie schon eigene Videos vom iPhone hochgeladen haben, besitzen Sie die Zugangsdaten bereits. Klicken Sie ansonsten auf der Webseite *www.YouTube.de* auf *Konto erstellen*. Die *Favoriten* werden zwischen Ihrem iPhone und dem YouTube-Server abgeglichen. Egal, auf welchem Rechner Sie sich später bei YouTube anmelden, Sie haben immer Zugriff auf Ihre Favoriten.

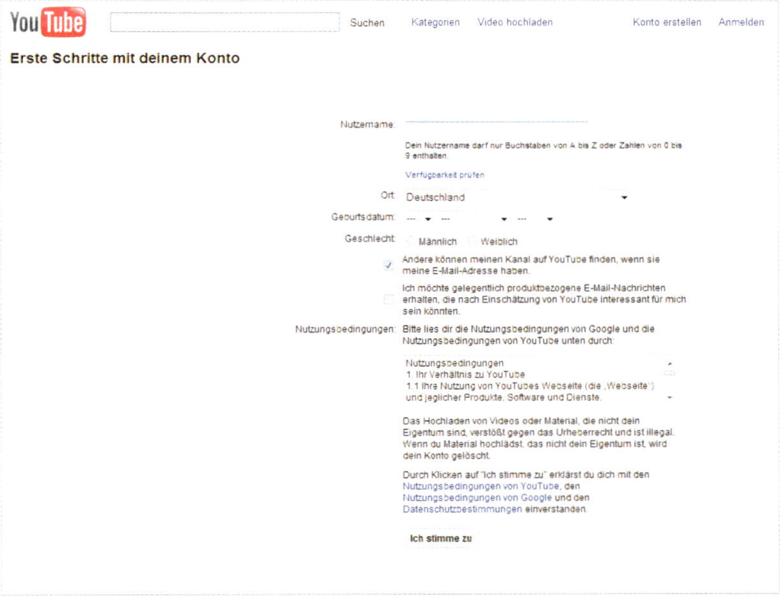

9. Apps – geniale Funktionen dank weiterer Programme

Programme heißen im Englischen „Applications" und auf dem iPhone nur kurz „Apps". Es sind kleine Softwarepakete, die sich leicht über den App Store auf dem iPhone oder in iTunes auf dem Rechner installieren lassen.

Apps sind praktische kleine Helfer, die es jedem ermöglichen, sein iPhone nach individuellen Bedürfnissen einzurichten. Jeden Tag kommen neue Apps zu den über 250.000 existierenden hinzu (Stand: August 2010).

9.1 Programme suchen und finden

Apps lassen sich mit wenigen Fingertipps auf dem iPhone installieren. In der Regel laufen alle Apps auf allen iPhone-Generationen. Ausnahmen bilden Apps, die den Kompass oder die Videokamera benötigen (ab iPhone 3GS).

Das Betriebssystem iOS 4.0 brachte eine Zäsur bei den Funktionalitäten (u. a. Multitasking). Darum steht in der Versionsangaben häufig „Getestet unter iOS 4.0". Welche Mindestanforderungen eine App benötigt, sieht man am besten in iTunes auf dem Rechner unter *Voraussetzungen*.

Apps können Sie über iTunes auf Ihren Rechner herunterladen und dann per Synchronisation auf das iPhone übertragen. Sie können die Apps aber auch direkt auf dem iPhone unter *App Store* installieren. Das funktioniert selbst unterwegs mit Mobilfunkempfang, wenn die Programme nicht mehrere Hundert MByte groß sind (z. B. Navigationsprogramme mit Kartenmaterial).

Anregungen für neue Apps finden Sie im App Store oder in iTunes, wobei hier die Suchmöglichkeiten eingeschränkt sind. Sie können sich auch per Genius (Seite 148) auf Basis bisher installierter Apps neue

Programme vorschlagen lassen. Die Auswertung per Genius müssen Sie im App Store unter *Highlights/Genius* aktivieren bzw. dem zustimmen. Die erhalten eine Liste von Vorschlägen, in der bei jedem Programm angegeben ist, auf welcher App der Vorschlag beruht.

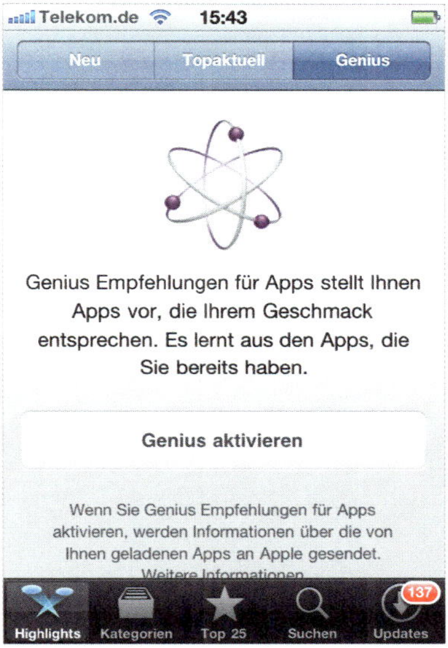

Nützliche Tipps und Bewertungen zu Apps finden Sie auf Webseiten wie beispielsweise *iphone-fan.de*, *allemeineapps.de* oder *appkit.de*. Denn Taxi-, Rezept- oder Twitter-Apps gibt es im Dutzend. Die Frage ist immer, welche ist die richtige für meine Zwecke?

9.2 Apps auf das iPhone laden

Apps laden Sie über den App Store. Wenn Sie Ihre Wunsch-App gefunden haben und mit ihrem iTunes-Nutzerkonten angemeldet sind, tippen Sie auf den Preis oder *Kostenlos*.

Die Schaltfläche wird grün und Sie tippen auf *Jetzt kaufen*. Es wird zur Sicherheit noch mal ihr Passwort für das iTunes-Konto abgefragt. Ein Tipp auf *OK* und der Download beginnt.

Das App-Icon wird an die erste freie Stelle auf dem Startbildschirm gelegt. Ein blauer Fortschrittsbalken zeigt den Stand der Installation an.

Ist die App vollständig geladen, können Sie das Icon antippen und das Programm startet.

Wenn Sie nicht wollen, dass andere Nutzer des iPhones, beispielsweise Ihre Kinder, Apps kaufen oder weitere Spielelevel erwerben, dann deaktivieren Sie *App-Installation* sowie *In-App-Käufe* unter *Einstellungen/Einschränkungen.*

iTunes Guthabenkarten und Apps verschenken

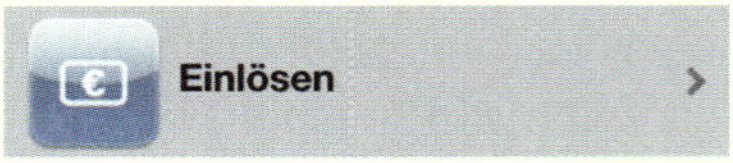

Haben Sie eine iTunes-Guthabenkarte geschenkt bekommen, rubbeln Sie die Buchstaben-/Zahlen-Kombi frei. Die geben Sie im App Store unter *Highlights/Neu* ganz unten bei *Einlösen* ein.

Das funktioniert auch bei iTunes unter *Musik/Neuheiten*, denn das Guthaben gilt für Apps, Musik, Bücher und Filme. Sie müssen, falls noch nicht geschehen, bei Ihrem iTunes-Nutzerkonto angemeldet sein, dann wird Ihnen die Summe für Einkäufe gutgeschrieben.

Sie können im App Store eine App verschenken. Tippen Sie dazu ganz unten in der App-Beschreibung auf *App verschenken*. Sie werden nach der Mailadresse des Empfängers gefragt und können noch eine Grußbotschaft eintippen. Der Preis für die App wird Ihrem iTunes-Nutzerkonto in Rechnung gestellt. Der Empfänger erhält eine Mail mit einem Link zur App.

9.3 Apps: Hier finden Sie die Detaileinstellungen

Sehr viele Einstellungen für installierte Apps auf dem iPhone lassen sich nicht in der Anwendung selbst, sondern unter *Einstellungen* vornehmen.

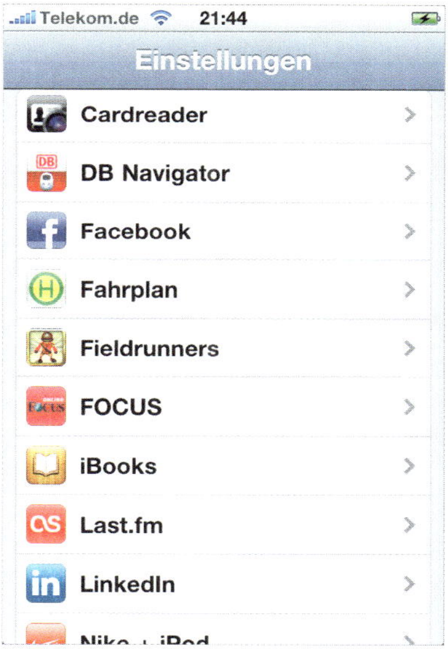

Schieben Sie die Seite bei den *Einstellungen* nach oben, dann sehen Sie die App-Icons.

Mit einem Fingertipp darauf kommen Sie zu den möglichen Detaileinstellungen.

Das können beispielsweise Optionen sein, wie die App auf Schütteln reagiert, auf welchem Weg die Daten aktualisiert werden oder die angezeigte Anzahl in Trefferlisten. Sie sollten sich die Zeit nehmen und die Apps nach Ihren Wünschen einstellen.

9.4 Sparen mit dem iPhone – Preisvergleiche

Preisvergleiche mit dem iPhone sind enorm praktisch, Scanner erleichtern die genaue Eingabe der Produktbezeichnung und dank der Ortungsfunktion werden Vergleichspreise aus der Umgebung ermittelt.

Barcodes scannen

Die genauen Produktbezeichnungen ins iPhone einzutippen kann mühsam sein. Die Arbeit nehmen Scanner dem Nutzer ab. Dabei erkennt die Kamera den schwarz-weißen Strichcode auf dem Produkt und holt sich die Vergleichsdaten vom Server des Anbieters. Da die App den Standort des Nutzers kennt, werden gleich noch Vergleichsangebote aus der Umgebung angezeigt, was bei Preisverhandlungen im Laden sehr hilfreich sein kann. Einen Scanner bieten die Apps *guenstiger.de Plus* (kostenlos) als auch *Woabi* (0,79 Euro und als Lite-Version). Woabi steht für **Wo**anders **bi**lliger und bietet dem Nutzer auch einen Preisalarm. Sobald das gesuchte Produkt den Wunschpreis erreicht hat, erhält der Nutzer eine Benachrichtigung. Durch die Einbindung von Marktjagd kann auch *Woabi* Angebote in der Nähe auf der Landkarte anzeigen.

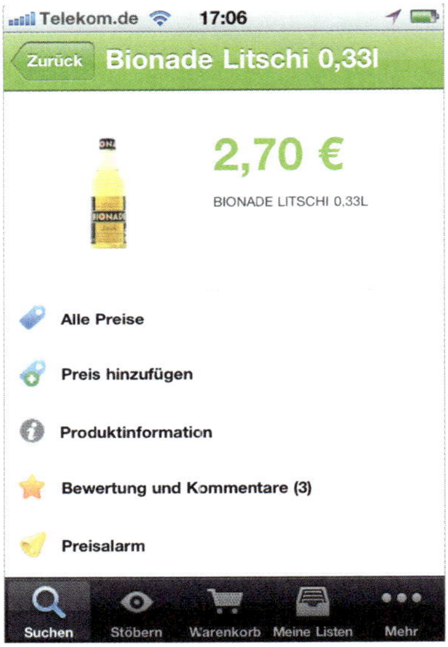

Mit dem Scanner lässt sich der Barcode auf einer Limonadenflasche schnell erkennen.

Alle Angebote aus der Umgebung

Die Apps *meinprospekt SALE* (kostenlos) und *KaufDa Navigator* (kostenlos) digitalisieren die Prospekte der großen Handelsketten, das reicht von Discountern über Möbelläden bis zu Baumärkten. Bei *meinprospekt* erfolgt die Auswahl über die Region, *KaufDa* erkennt den Standort und zeigt Angebote aus der Umgebung auf einer Landkarte. Bei beiden Apps lassen sich die Prospekte und aktuellen Angebote durchblättern.

KaufDa zeigt aktuelle Angebote und Prospekte von Geschäften in der Umgebung an.

In-App-Käufe – Kaufen innerhalb einer App

Einkaufen kann man nicht nur im App Store, sondern auch in etlichen Apps. Das nennt sich dann In-App-Käufe. Diese Kaufoption ist für Spiele gedacht, in denen man weitere Level erwirbt, oder Abo-Modelle von Verlagen sowie für andere Inhalteanbietern, die für neue Texte, Bilder und Videos Geld berechnen.

Vor jedem In-App-Kauf in einer Applikation erscheint ein Pop-up-Fenster, das Sie mit *Kaufen* bestätigen müssen. Der Preis wird wie beim normalen App-Kauf Ihrem iTunes-Nutzerkonto in Rechnung gestellt.

Die vollständigen Informationen zum Fernsehprogramm müssen bei TV Movie als In-App-Kauf für ein Jahr oder zwei Monate hinzugekauft werden.

9.5 Einkaufen im amerikanischen App Store

Den iTunes-Store gibt es in über 80 Ländern. Bei manchen Inhalten, die man im deutschen Store nicht kaufen kann, macht es Sinn, ein weiteres Konto zu eröffnen. Vor allem der Einkauf in den USA bietet einige Vorteile: günstiger Wechselkurs, Filme und Serien im Originalton, größere Auswahl und schnellere Verfügbarkeit etlicher Titel. Apple hat nichts dagegen, dass Sie in mehreren Stores einkaufen, es sind eher die Musikverlage und Filmstudios, denen es ein Dorn im Auge ist.

Für ein weiteres Konto benötigen Sie zwei Dinge: eine Adresse in dem jeweiligen Land und eine Guthabenkarte in Landeswährung. Denn Apple verhindert Einkäufe in den USA mit europäischen Kreditkarten oder einem europäischen PayPal-Konto.

Der Umweg: Bezahlen Sie mit iTunes-Guthabenkarten. Sogenannte Gift Certificates in US-Dollar können Sie bei eBay oder darauf spezialisierten Händlern im Internet erwerben. Dabei benötigen Sie die Plastikkarte nicht physisch, sondern nur den darauf gedruckten Zahlen-Buchstaben-Code. Aber seien Sie auf der Hut, es sind viele unseriöse Händler unterwegs, die entweder den Algorithmus von Apple geknackt oder Guthabenkarten mit geklauten Kreditkarten bezahlt haben! Machen Sie zuerst einen Testkauf mit einem kleinen Dollarbetrag. Erst wenn sich der Buchstaben-/Zahlen-Code bei iTunes einlösen lässt, sollten Sie weitere Guthabenkarten ordern. Oder lassen Sie sich Guthabenkarten von USA-Reisenden mitbringen, die gibt es dort in jedem Supermarkt.

Die Einrichtung eines weiteren Kontos liegt im „grauen Bereich“, da Sie zwar mit Ihrem echten Namen agieren, aber eine Adresse nutzen, unter der Sie nicht zu erreichen sind. Wer dabei kein gutes Gefühl hat, sollte es lassen.

/ Zur Einrichtung eines neuen Kontos klicken Sie in iTunes auf *Store/iTunes Store*. Wenn Sie auf der Startseite ganz nach unten scrollen, sehen Sie die Deutschlandflagge. Ein Klick darauf öffnet die Auswahl aller Stores. Wählen Sie *United States*.

2 Erstellen Sie unter *Store* ein neues Nutzerkonto. Suchen Sie sich mithilfe von Google Maps eine Adresse in den USA, mit der Sie sich anmelden können. Nehmen Sie am besten eine aus dem Bundesstaat Delaware (DE), denn dort wird keine Umsatzsteuer auf Onlineeinkäufe erhoben.

3 In iTunes in der rechten Spalte unter *Redeem* können Sie Ihre Guthabenkarte einlösen. Der Betrag wird Ihrem Nutzerkonto gutgeschrieben. Damit können Sie nun in den USA einkaufen.

Sie können auch auf dem iPhone den App Store wechseln. Unter *Einstellungen/Store* können Sie sich die Details des Kontos unter *Account anzeigen* anschauen. Oder unter *Abmelden* das Konto wechseln.

Den Store wechseln

Sobald Sie über mehr als ein iTunes-Konto verfügen, müssen Sie für App-Downloads und -Aktualisierungen den Store wechseln. Wenn Sie mit Ihren Zugangsdaten für den deutschen Store angemeldet sind, können Sie keine im amerikanischen Store erworbene App aktualisieren und umgekehrt. Auch für Einkäufe kann der Wechsel vonnöten sein.

Tippen Sie unter *Einstellungen/ Store* auf *Abmelden*, um sich aus dem aktuellen Nutzerkonto zu verabschieden. Tippen Sie dann auf *Anmelden* und geben Sie den anderen Benutzernamen und das Passwort ein.

9.6 Apps aktualisieren

Die Entwickler von Apps verbessern laufend die Funktionen ihrer Programme. Die jeweiligen Updates sind im Preis einer App enthalten. Um den vollen Funktionsumfang zu nutzen, sollten Sie regelmäßig nach Aktualisierungen für Ihre Apps schauen.

Auf dem iPhone

Im App Store werden in der unteren Menüleiste bei *Updates* die zur Verfügung stehenden Aktualisierungen als rot-weiße Zahl angezeigt. Ein Fingertipp auf die Rubrik zeigt Ihnen, um welche Apps es sich handelt.

Sie können nun oben *Alle aktualisieren* antippen oder nur einzelne Apps aktualisieren, beispielsweise weil Sie gerade keinen WLAN-Empfang haben und einige Hundert MByte zum Herunterladen anfallen würden.

Tippen Sie auf die App und dann auf *Kostenlos*. Außerdem müssen Sie noch *Installieren* bestätigen, bevor der Download beginnt. Sie werden noch einmal nach Ihrem iTunes-Nutzerkonto-Passwort gefragt bzw. müssen sich für Ihr Konto anmelden.

Auf dem Rechner

In iTunes klicken Sie unter *Mediathek/Programme* unten rechts auf *Nach Updates suchen*. Sie sehen die Anzahl der verfügbaren Aktualisierungen. Auch hier haben Sie die Wahl, ob Sie alle kostenlosen Updates laden möchten oder nur einzelne Updates.

Die neuen Programmversionen werden beim nächsten Synchronisieren auf das iPhone übertragen.

Sicherheitskopien für Ihre Apps: mit iTunes synchronisieren

Sie können die Apps auch in iTunes auf Ihren Rechner kaufen und dann das iPhone damit synchronisieren. Damit haben Sie immer eine Sicherheitskopie der gekauften Programme.

Verbinden Sie das iPhone und den Rechner mit dem USB-Kabel. Ihr iPhone erscheint in der linken iTunes-Spalte unter *Geräte*. Klicken Sie rechts auf das Register *Programme*. Wählen Sie die zu übertragenden Apps aus und klicken Sie auf *Anwenden* bzw. *Synchronisieren*.

Noch schneller geht es mit dem Kontextmenü in der linken Spalte. Halten Sie die Maus auf Ihren Gerätenamen. Drücken Sie die rechte Maustaste und wählen Sie *Einkäufe übertragen*. Damit werden sämtliche Apps auf das iPhone übertragen.

Apps teilen

Apple gestattet Ihnen mit der *Privatfreigabe* in iTunes die Nutzung von gekauften Apps, aber auch Musik, Büchern und Filmen auf bis zu fünf Geräten in einem Netzwerk. Das können sowohl Computer als auch iPads und iPhones sein. Sie müssen sich nur mit dem iTunes-Konto, mit dem die Anwendung gekauft wurde, auf dem Endgerät anmelden und es unter *Erweitert* für die Privatfreigabe freischalten.

Danach sehen Sie in der linken Spalte in iTunes auf dem Rechner unter *Freigaben* die weiteren Mediatheken. Hieraus können Sie per Drag & Drop Apps oder Lieder auf den zweiten Rechner kopieren.

9.7 Zehn kostenlose Apps, die jeder haben sollte

Bei der Vielzahl an Apps ist es schwer, genau die richtige für den eigenen Bedarf zu finden. Hier sehen Sie zehn Vorschläge für Apps, die sich in der Praxis bewährt haben und auf keinem iPhone fehlen sollten.

1. Bump – die virtuelle Visitenkarte

Lassen Sie zwei iPhones einfach „zusammenstoßen“, und die Adresseinträge werden übertragen. Dabei müssen sich die Geräte nicht wirklich berühren. Es geht nur um die Bewegung, da damit eine Datenverbindung aktiviert wird. Sie können mit der App auch Fotos und weitere Kontaktdaten auf ein anderes iPhone übertragen. Mit *Bump* lassen sich auch zwei iPhone-Adressbücher abgleichen und gemeinsame Freunde bei Facebook finden.

2. Fahrplan – Zugriff auf alle Fahrpläne von Bus und Bahn

Die App zeigt die nächstgelegene Haltestelle von Bus oder Bahn. Für diese Station kann man sich die Ankunfts- und Abfahrtzeiten jeder Bus, U-/S-Bahn- und Straßenbahnlinie anzeigen lassen. Das funktioniert auch mit DB-Bahnhöfen in jeder deutschen Stadt. Bei Fernzügen werden aktuelle Verspätungen angezeigt.

3. iOutbank – mobiles Banking

Umsätze seines Kontos abrufen, Überweisungen tätigen und Lastschriften einrichten. Mit der kostenlosen Variante kann man alle Konten bei einer Bank, die mit demselben Login (FinTS/HBCI+) zugänglich sind, im Blick behalten. In der Pro-Variante können mehrere Konten bei unterschiedlichen Banken abgefragt und TAN-Listen auf dem iPhone gespeichert werden.

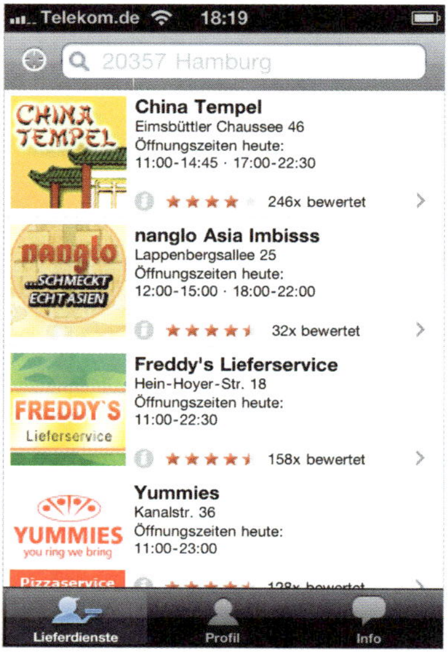

4. pizza.de – Essen auf Rädern

Sie bekommen alle verfügbaren Bringdienste, von Pizza über Asiatisch bis zu Getränkelieferanten im Umkreis angezeigt. Eine direkte Bestellung vom iPhone ist möglich, wenn der Mindestbestellwert erreicht wurde. Nutzerbewertungen weisen den Weg zu Neuentdeckungen. Es werden auch Mittags- und Sparmenüs angezeigt.

5. Meine Stadt – alle wichtigen Infos auf einen Blick

Alles Wichtige im Umkreis finden, egal, in welcher Stadt: Kino- und Kulturprogramm, Messen, Partys, Sehenswürdigkeiten, Apotheken, Banken, Geldautomaten, Wetter und Werkstätten. Alles mit einem Beschreibungstext und einer Routenfunktion vom aktuellen Standort aus.

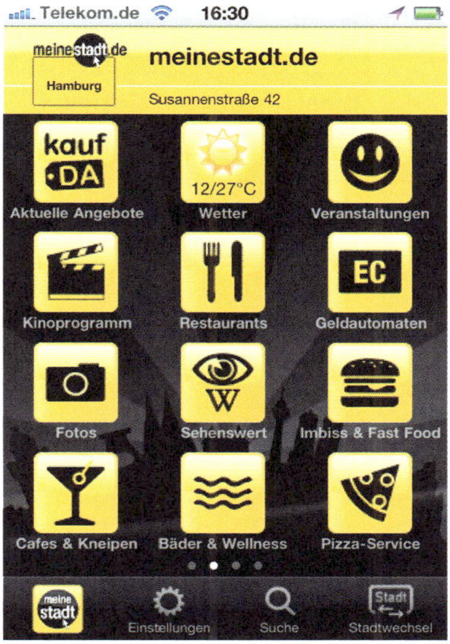

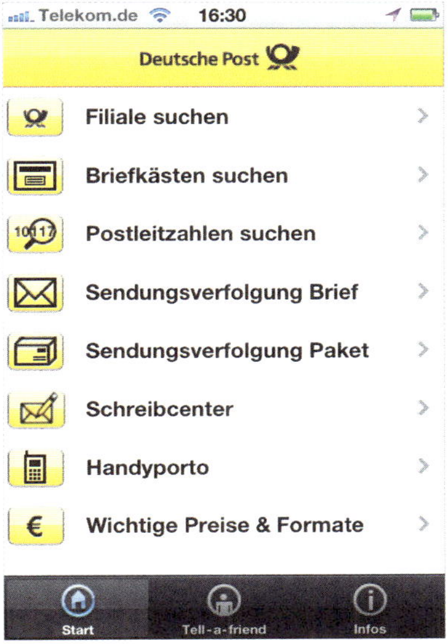

6. Post Mobil – das virtuelle Postamt

Handyporto auf dem iPhone kaufen, Sendungsverfolgung für Pakete und Briefe, Postleitzahlen und Briefkästen suchen. Man findet die nächstgelegene Filiale oder den nächsten Briefkasten, der heute noch geleert wird, und außerdem alle aktuellen Preise und Formate für den „analogen“ Versand.

7. Radio.de – Tausende Radiosender

Über 3.000 Radiosender aus aller Welt in der Hosentasche. Man kann die Musik nach Genre, Sprache oder Land aussuchen oder lässt sich einfach von der Redaktion mit Tipps versorgen: Da gibt es die Redaktionstipps oder die Top-100-Sender. Von Musik über Nachrichten bis zu Kinderliedern ist für jeden Geschmack etwas im Angebot.

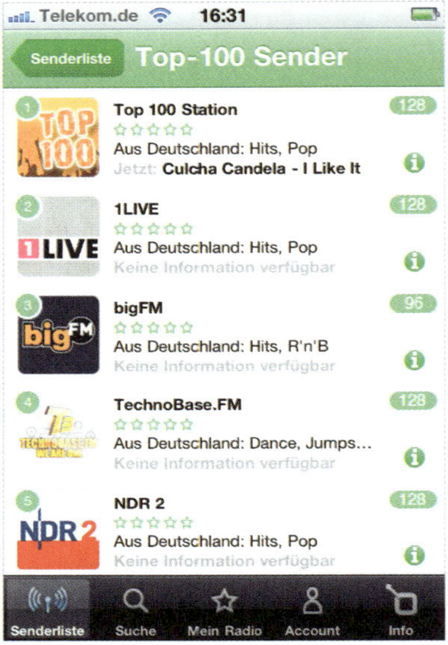

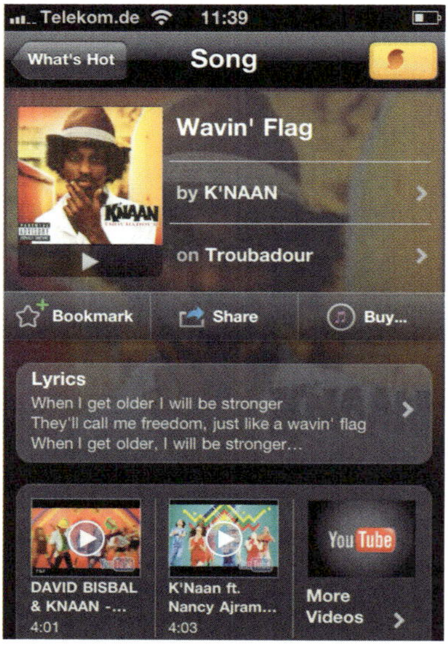

8. Soundhound – Liedtitel und -interpret herausfinden

Wer singt das? Diese Frage bleibt mit dem Musikerkennungsprogramm *Soundhound* nicht lange unbeantwortet. Das iPhone für rund zehn Sekunden vor den Lautsprecher halten, und die App verrät Titel und Interpret. Dazu gibt es Infos zum Künstler, YouTube-Video, Liedtext und den Link zu iTunes. Dazu schlägt die App neue Lieder vor.

9. Stau mobil – Stau- und Verkehrswarnungen

Staus und Verkehrsbehinderungen aus der Umgebung. Die Suche nach Meldungen für einzelne Autobahnen oder Bundesländern ist möglich.

Die Prognosen bieten für bestimmte Zeiten und Gebiete eine Vorschau auf die zu erwartende Verkehrssituation.

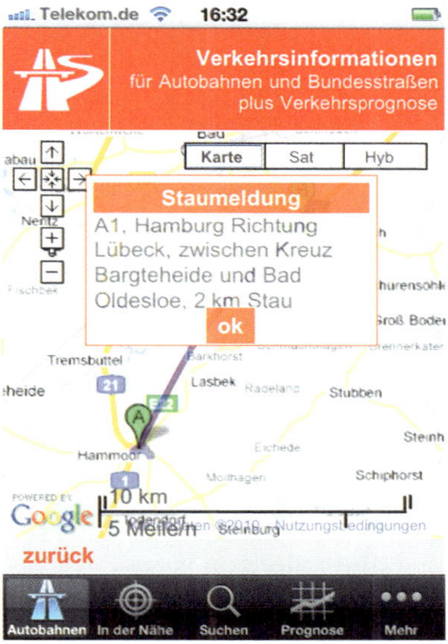

10. TV Spielfilm – was läuft gerade in der Glotze?

Die App liefert eine Programmübersicht, was jetzt oder zu einer gewünschten Uhrzeit im Fernsehen läuft.

Dazu liefert die Redaktion Tagestipps und nützliche Beschreibungen der Filme und Sendungen. Auch die aktuellen Kinofilme werden vorgestellt.

9.8 Soziale Netzwerke auf dem iPhone pflegen

Social Networks erfreuen sich im Internet großer Beliebtheit. Die virtuellen Netzwerke dienen zur privaten wie beruflichen Kontaktpflege. Bei Facebook beispielsweise sind weltweit über 500 Millionen Menschen registriert. Was als Studentenverzeichnis in den USA begann, ist längst eine globale Plattform für jede Art zwischenmenschlicher Beziehung geworden.

Die Netzwerke haben das iPhone für sich entdeckt und bieten entsprechende Apps, schließlich geht es bei den Statusmeldungen oder Tweets um das Hier und Jetzt. So kann man mit seinem Smartphone Freunde oder Kollegen am Alltäglichen oder Außergewöhnlichen direkt in Wort und Bild teilhaben lassen.

Facebook

Das „Gesichtsbuch" nutzen in Deutschland über zehn Millionen Menschen. Seine studentischen Wurzeln kann das Netzwerk nicht leugnen: Leute bewerfen sich mit Schneebällen, schicken sich gegenseitig Biere und testen, welcher Simpson-Charakter sie sind. Lässt man die vielen Spielchen und Anwendungen mal beiseite, ist Facebook eine gute Möglichkeit, am Leben seiner Freunde teilzuhaben, selbst wenn die am anderen Ende der Welt leben.

Die Grenzen für berufliche und private Nutzung verschwimmen, wobei Facebook immer noch eher ein privates Netzwerk ist. Da Freunde in der Regel ähnliche Interessen haben, bekommt man hierüber oft gute Tipps für Artikel, Videos und interessante Webseiten.

Man sollte allerdings vorsichtig sein, welche Texte, Links oder Bilder man selbst einstellt und wem man die Informationen zugänglich macht, vor allem, wenn der eigene Chef zu den „Freunden" zählt. Doch wer was zu sehen bekommt, kann man detailliert in den Einstellungen unter *Privatsphäre* auf der Webseite von Facebook festlegen.

LinkedIn

LinkedIn ist mit 50 Millionen Mitgliedern Marktführer der Geschäftsnetzwerke im englischsprachigen Raum. Der Basisdienst ist kostenlos. Will man aber Personen suchen oder sehen, wer seine Profilseite aufgerufen hat, muss man den kostenpflichtigen Premiumdienst buchen.

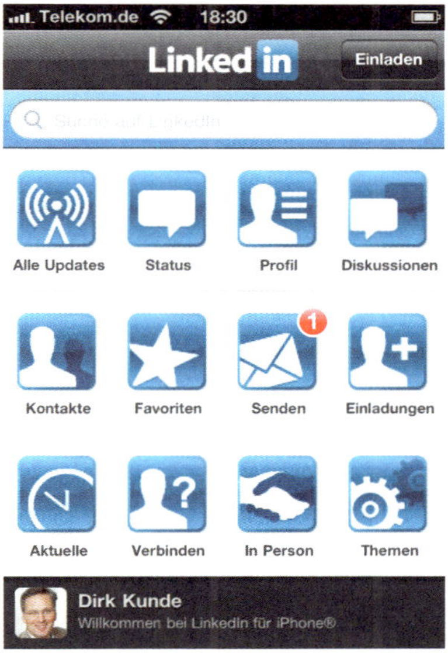

Die iPhone-Version ist vor allem praktisch, um Statusnachrichten und Diskussionen von Bekannten mitzubekommen.

Lokalisten

Die Lokalisten verzeichnen rund drei Millionen Mitglieder. Das Netzwerk verbindet Freundeskreis und Cliquen in einer Region. Wie bei den anderen Netzwerken auch erstellen die Nutzer ein eigenes Profil, können Interessengruppen bilden, zu Veranstaltungen einladen und sich gegenseitig Nachrichten senden.

MySpace

Das Netzwerk aus dem Medienimperium von Rupert Murdoch hat sich vor allem bei Bands, Musikern und Künstlern zu einer wichtigen Plattform zur Selbstdarstellung entwickelt. Jeder kann hier seine eigene Webseite gestalten und mit Inhalt füllen.

StudiVZ/MeinVZ/SchülerVZ

Die VZ-Netzwerke (**V**er**z**eichnis) gehen zurück auf das 2005 gegründete StudiVZ. Genau wie Facebook hat es seine Wurzeln an den Universitäten und sonstigen Hochschulen. Die Zielgruppe wurde mit SchülerVZ und MeinVZ altersmäßig nach unten und oben verlängert. Mit 15,7 Millionen Nutzern ist es das größte deutsche Netzwerk. Die drei Verzeichnisse sind regelmäßig unter den Top Ten der am meisten angeklickten Webseiten zu finden. Jedes VZ hat seine eigene App, mit *VZ-Netzwerke* gibt es jedoch eine App, mit der man Zugriff auf alle drei Angebote hat.

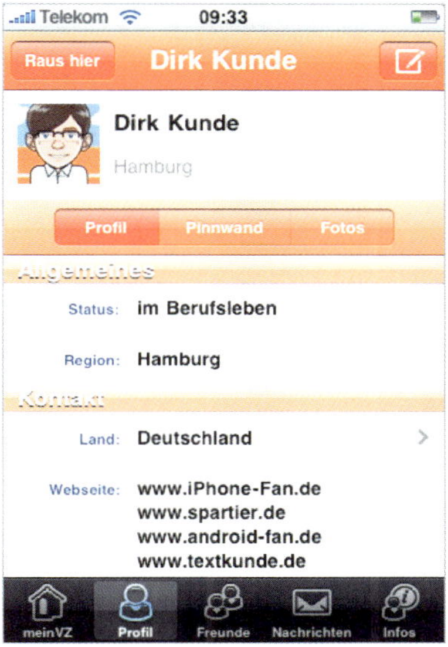

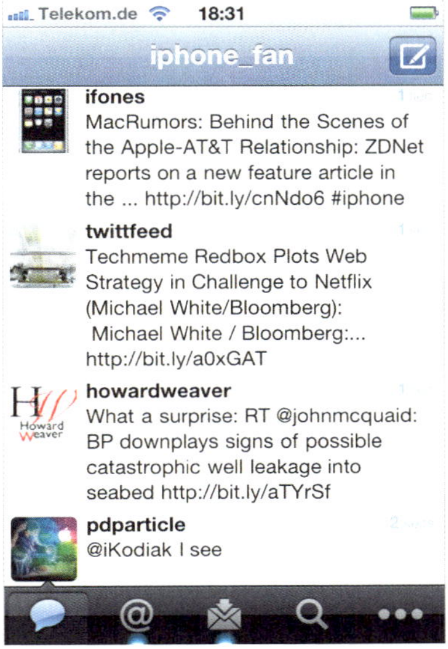

Twitter

Twitter ist eigentlich streng genommen kein Netzwerk, sondern ein Micro-Blogging-Dienst. Das Wort Micro bezieht sich auf die maximale Textlänge von gerade mal 140 Zeichen pro Nachricht. Ein Netzwerk ist es insofern, weil man die Nachrichten (Tweets) der Leute abonnieren muss, denen man folgen möchte. Daher ist immer von „Followers" die Rede. Wer selbst eine

Webseite oder einen Blog betreibt, kann neue Beiträge über Twitter bekannt machen. Wer Interessantes zu berichten hat, wird sich schnell eine große Gemeinde an Followern aufbauen. Die Auswahl an Twitter-Apps ist überwältigend, als Empfehlung seien hier nur *Tweetdeck* und *Echofon* genannt.

Xing

Xing, ehemals Open BC, ist das führende deutschsprachige Geschäftsnetzwerk mit acht Millionen Mitgliedern. Größter Anteilseigner der börsennotierten Xing AG ist die Hubert-Burda-Mediengruppe. Hier findet man ehemalige Kollegen wieder oder kann seinen Lebenslauf so optimieren, dass Headhunter darüber stolpern müssen. Man kann aber auch einfach bei *Suche* eingeben, wenn man eine neue berufliche Herausforderung sucht. Sie finden bei Xing diverse Interessengruppen zu speziellen Themen. Interessant ist zu sehen, über welche Kontakte man andere Leute kennt. Das erleichtert mitunter auch die Kontaktaufnahme. Der kostenpflichtige Premiumdienst bietet einen großen Vorteil: Andere Leute halten einem das eigene Adressbuch stets auf dem neusten Stand.

9.9 Geniale Spielerei: die erweiterte Realität (Augmented Reality)

In der Rubrik Augmented Reality entstehen spannende Anwendungen für das iPhone. Bei der erweiterten Realität werden in das Kamerabild des iPhones zusätzliche Informationen aus der Umgebung eingeblendet. Derartige Anwendungen nutzen beispielsweise Jet-Piloten, die zusätzliche Daten der Flugziele in ihr Helmvisier projiziert bekommen.

Das iPhone nutzt für diese Apps den GPS-Chip, die Kamera und den Kompass. Bislang weiß das iPhone nur dank des GPS-Chips, was es vor der Kamera hat, mit steigender Prozessorleistung und besserer Bilderkennung werden zukünftige Modelle aber auch Gebäude, Sehenswürdigkeiten und andere Dinge erkennen und Informationen einblenden. Das kann dann ein Video zum Denkmal sein. Reiseführer und Navigationsanwendungen werden morgen komplett anders aussehen.

Aber zurück in die Gegenwart: hier einige Beispiele, was bereits heute mit Augmented Reality auf dem iPhone möglich ist:

Wikitude – Infos zu wichtigen Orten

Die kostenlose App fungiert als mobiler Reiseführer. Sogenannte **P**oints **o**f **I**nterest (POI) werden näher beschrieben. Dazu bezieht die App Beschreibungen aus Wikipedia und Empfehlungen aus Qype.com.

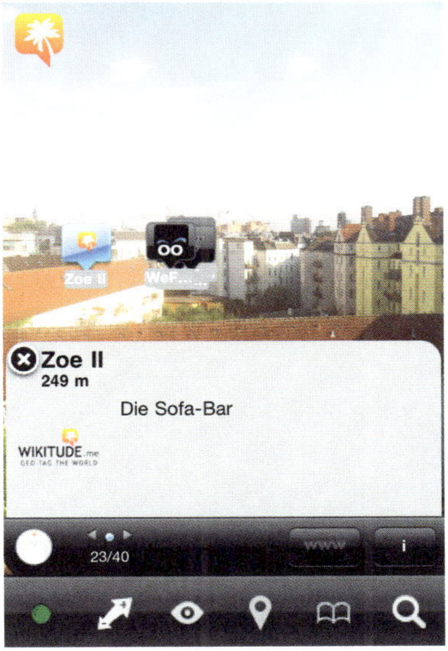

Hinzu kommen Videos aus YouTube, Bilderdienste (Flickr, Panoramio) und auch Supermärkte und Mietwohnungen. Nutzer können unter *wikitude.me* selbst Beschreibungen von besonderen Orten einstellen.

NearestWiki – Wikipedia-Infos zur Umgebung

Auch *NearestWiki* (1,59 Euro) nutzt Informationen aus Wikipedia. So erfährt man mehr zu Denkmälern, Gebäuden oder Plätzen in seinem Umfeld. Die Beschreibungen werden mit Entfernungen zum eigenen Standort angezeigt. Ein Fingertipp auf den Kasten öffnet die komplette Beschreibung bei Wikipedia.

Bionic Eye – Supermärkte, Restaurants etc. in der Nähe finden

In der App *Bionic Eye Germany* (0,79 Euro) legen Sie als Nutzer fest, was Sie in Ihrer Umgebung angezeigt bekommen möchten: Supermärkte, Restaurants, Kinos, Bowlingbahnen und Apple Stores. In Berlin werden auch U- und S-Bahn-Stationen eingeblendet. Den Radius für die Einblendungen können Sie zwischen 200 und 3.000 Meter festlegen. Ein Fingertipp auf den Eintrag, und das iPhone führt Sie direkt dort hin.

Ubique – immer eine Bar oder Restaurant finden

Ubique (1,59 Euro) blendet halb eine Stadtkarte und halb das Kamerabild ein. Dabei ist die Karte in die Blickrichtung des Nutzers ausgerichtet. Die blau-weißen Icons in der Karte zeigen wahlweise Bars, Restaurants oder Panoramio-Fotos an.

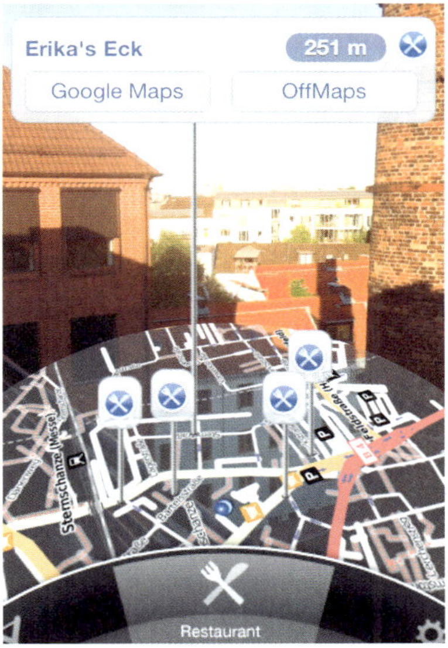

Die Wegbeschreibung kann der Nutzer wahlweise in Google Maps oder Offmaps (gespeichertes Kartenmaterial) betrachten.

DishPointer – geniale Hilfe bei der Satellitenschüsseleinrichtung

Haben Sie schon mal eine Satellitenschüssel installiert und eingerichtet? Falls ja, wissen Sie, wie mühevoll die exakte Ausrichtung auf den Satelliten ist, um ein gutes Signal zu bekommen. Insbesondere Camper, die regelmäßig ihre Installation verändern müssen, werden den *DishPointer* (7,99 Euro) zu schätzen wissen.

Wählen Sie in den *Einstellungen* Astra, Hotbird, Türksat oder einen anderen Satelliten. Halten Sie das iPhone in Blickrichtung Ihrer Satellitenschüssel. Die App blendet die Position des Satelliten in das Kamerabild ein. Unten werden die Daten für den jeweiligen Satelliten, die Neigung der Schüssel und die Polarisation angezeigt.

Ein Klick auf *Compass Lock*, und die Daten werden gespeichert, man kann das iPhone aus der Hand legen und die Schüssel einstellen.

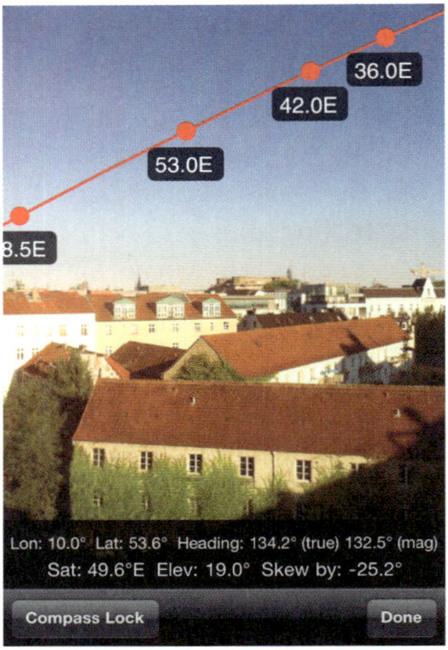

9.10 Der sanfte Neustart (App aufgehängt)

Geht bei einer App gar nichts mehr, hilft nur ein sanfter Neustart. Dazu müssen Sie das iPhone nicht ausschalten. Drücken Sie den An-/Ausschalter so lange, bis der *Ausschalten*-Schieber erscheint. Dann drücken Sie die Home-Taste, bis das iPhone zum Home-Bildschirm springt. Die App ist beendet, Sie können das iPhone normal weiternutzen.

10. Unterwegs – Urlaub, Ausflug, Geschäftsreise

10.1 Kostenfalle Roaming

Die Nutzung Ihres iPhones im Ausland kann schnell teuer werden. Es entstehen nicht nur Kosten, wenn Sie telefonieren oder Mails abrufen. Das iPhone stellt regelmäßig und unbemerkt Verbindungen zu verschiedenen Servern her, um Daten abzurufen. Sei es der Anrufbeantworter (Visual Voicemail), neue Mails (Push-Funktion), Google Maps oder diverse Apps.

Darum sollen Sie noch vor der Abreise das Daten-Roaming unter *Einstellungen/Allgemein/Netzwerk* deaktivieren.

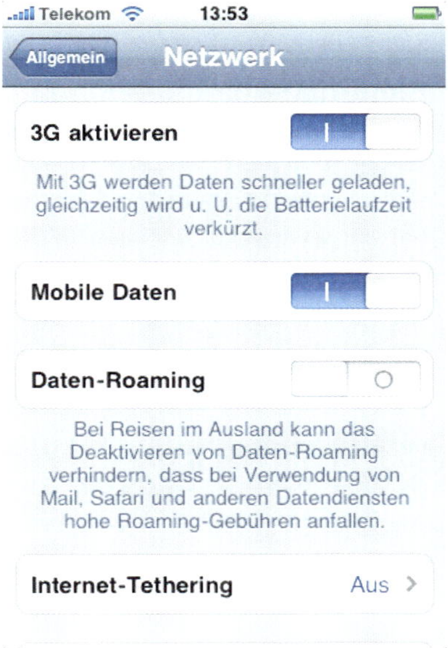

Ein MByte Daten kostet bei T-Mobile in den Ländern der Europäischen Union 3,40 Euro (Ländergruppe 1). Abgerechnet wird in 50 KByte-Datenblöcken. Telefonate nach Deutschland kosten aus diesen Ländern einmalig 0,75 Euro plus 0,29 Euro pro Minute. Ankommende Gespräche kosten einmalig 0,75 Euro sowie ab der 61. Minute 0,19 Euro pro Minute.

Die aktuellen Tarife für Ihr Reiseland finden Sie unter *www.t-mobile.de/roaming*.

Für etliche Reiseregionen bietet die Telekom sogenannte DayPasses an. Ein „Tagespass" für die Ländergruppe 1 (Europe) kostet beispielsweise 4,95 Euro und enthält ein Datenvolumen von 5 MByte, in den USA kostet der DayPass 9,95 Euro.

Wollen Sie im Ausland keine Kosten für ankommende Anrufe oder Internetverbindungen riskieren, aktivieren Sie den *Flugmodus*. Wenn Sie selbst telefonieren möchten oder Anrufe annehmen wollen, müssen Sie den Flugmodus wieder deaktivieren (*Einstellungen/Flugmodus*).

Schockrechnungen verhindern

Wenn Sie im EU-Ausland unterwegs sind, schickt Ihnen Ihr Mobilfunkprovider in unregelmäßigen Abständen eine SMS mit den bislang aufgelaufenen Kosten für Telefonate und Datenabruf. Für diese Benachrichtigungen gibt es seitens des Providers keine festen Schwellwerte. Je nach individuellem Nutzungsverhalten und mit etwas Zeitverzögerung durch die Datenverarbeitung werden die Kostenhinweise automatisch generiert und an Sie verschickt.

Dieser Dienst ist kein freundlicher Kundenservice der Provider, sondern eine EU-Verordnung. Seit dem 1. Juli 2010 müssen die Mobilfunkanbieter für das Daten-Roaming in Ländern der Europäischen Union eine Kostenbegrenzungsfunktion (Cut-off) anbieten. Bei der erstmaligen Nutzung muss der Kunde das Daten-Roaming bestätigen. Als Schwellwerte für schriftliche Hinweise wurden 47,60 Euro sowie 59,50 Euro für eine zweite Mitteilung festgelegt. Mit dem zweiten Hinweis wird das Daten-Roaming für den laufenden Monat gesperrt, wenn der Nutzer es nicht aktiv verlängert.

Die Alternative: WLAN

Hat Ihr Hotel oder Appartment einen (kostenlosen) WLAN-HotSpot, ist dies die beste Alternative für Datentransfers. Das Daten-Roaming kann dabei deaktiviert bleiben. Über den HotSpot können Sie Mails abrufen, Apps nutzen, im Internet surfen – und falls technisch nicht gesperrt – auch per VoIP telefonieren. Skype und andere VoIP-Apps vermitteln die Gespräche über das Internet. Somit sind aus dem Urlaub an einem WLAN-HotSpot kostenlose Telefonat zu anderen Skype-Nutzern in der Heimat möglich.

Voicemail im Ausland abhören

Die Funktion *Visual Voicemail* arbeitet nur mit einer Datenverbindung. Ist das Daten-Roaming bei einem Auslandsaufenthalt deaktiviert oder reisen Sie in einem Land ohne 3G bzw. EDGE im Mobilfunknetz, können die Benachrichtigungen nicht abgerufen werden. Damit ist die gewohnte Abfrage der Nachrichten in beliebiger Reihenfolge unmöglich.

Entweder aktivieren Sie in den *Einstellungen/Allgemein/Netzwerk* das Daten-Roaming oder Sie tippen auf *Voicemail anrufen* und hören Ihre Nachrichten in chronomogischer Reihenfolge ab.

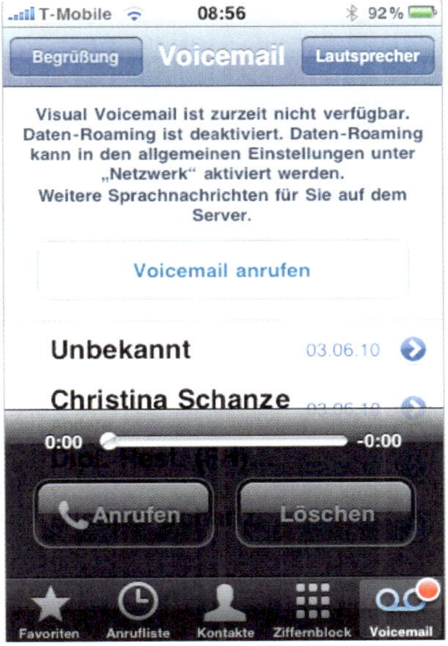

10.2 Vom Hotelfinder bis zum Reiseführer: die besten Apps für den Auslandsurlaub

Warum noch einen dicken, schweren Reiseführer mit in den Urlaub nehmen? Die klassischen Anbieter wie Polyglott, Merian, Marco Polo, Max City Guides oder Lonely Planet bieten längst die passenden Apps für Reiseregionen oder Städte an. Hinzu kommen neue Anbieter wie At-a-Glance oder aber einige Augmented-Reality-Apps (Seite 206).

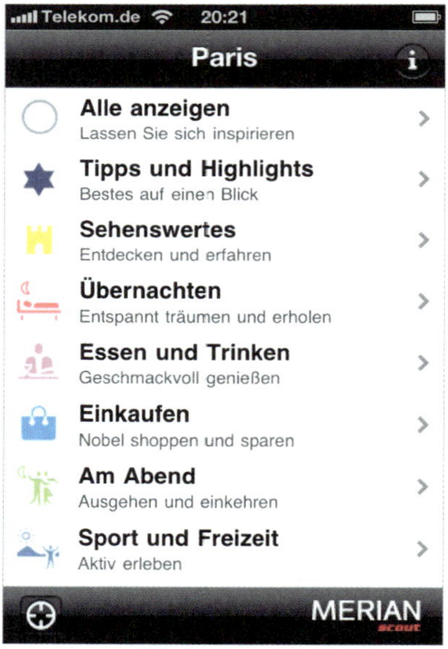

Das Angebot für Reisende wird durch Hotelfinder, Navigationsprogramme, Sprach- und Museumsführer ergänzt. Aber denken Sie daran: Wenn Sie Ihr iPhone wie zu Hause nutzen, entstehen mitunter hohe Kosten für das Daten-Roaming. Das können Sie nur eingrenzen, wenn sämtliche Informationen im iPhone-Speicher liegen. Achten Sie also bei der Benutzung von Reiseführern darauf, dass die Straßenkarten und U-Bahn-Pläne Teil der App sind und nicht von einem Server abgerufen werden müssen. Selbst die Navigation mit den integrierten Google Maps nutzt nicht nur den GPS-Chip, sondern benötigt Daten für das Laden des Kartenmaterials.

Reiseführer im Überblick

Anbieter	Ziele	Preis in Euro	Vorteil	Nachteil
At-a-glance	60 weltweit	0,00–3,99	Sehr übersichtlich gestaltet. Radius für Sehenswürdigkeiten einstellen, Wege nach Wochentag auswählen, Angabe des nächsten Parkplatzes.	Nutzt Google Maps (Onlinekosten). Will man aus der Karte zurück zur Beschreibung, muss man die App neu starten.
Lonely Planet	80 weltweit	2,99–12,99	Die meisten Daten sind auf dem iPhone (New York ist z. B. 59,6 MByte groß). Gespeichertes Kartenmaterial, viele Fotos, Tipps nach Jahreszeiten gestaffelt, über Favoriten eigene Tour zusammenstellen.	Nur in Englisch, deutlich kürzere Texte und weniger Tipps als in der gedruckten Version.
Max City Guides	35 in Europa	0,00–3,99	Roaming-Kostenwarnung beim Start, zeigt Anzahl der Einträge pro Rubrik an. Schwerpunkt auf Nachtleben, Einkaufen und Übernachten, ausführliche Beschreibung, Haltestelle in der Nähe.	–

Anbieter	Ziele	Preis in Euro	Vorteil	Nachteil
Marco Polo	30 in Europa	0,79–3,99	Aus der App ein Taxi rufen, über Favoriten eine eigene Tour gestalten, Sehenswürdigkeiten in der Nähe anzeigen lassen.	Mitunter sehr knappe Beschreibungen.
Merian Scout	60 in Europa	0,79–2,99	Nutzt Restaurantbesprechungen des Feinschmeckers, Sehenswürdigkeiten in der Nähe anzeigen lassen, über Lesezeichen eigene Tour planen.	Erst ab zweiter iPhone-Generation nutzbar, verwendet Google Maps (Onlinekosten).
Polyglott	12 in Europa	1,59–4,99	Gespeicherte Übersichtskarte mit Sehenswürdigkeiten, Metro-Plan, eigene Touren zusammenstellen, Sprachführer mit Audiowiedergabe, wichtige Adressen im Reiseland und Reiseinfos, viele Fotos.	Keine Aktualisierung der Inhalte (wäre v. a. für die Rubriken Restaurants und Nachtleben nützlich).

Kostenloser Reiseführer

Schmap.com ist ein kostenloser, englischsprachiger Reiseführer, den Sie im Safari-Browser öffnen können. Für Reiseziele in Nordamerika, Australien, Neuseeland und vielen europäischen Ländern existieren Beschreibungen und Adressen von Sehenswürdigkeiten. Zwölf Rubriken pro Stadt, unter anderem Tours, Shopping sowie Art & Fun, leiten den Reisenden durch den Großstadtdschungel. Mit der Routenfunktion in Google Maps können Sie sich zu jeder Sehenswürdigkeit leiten lassen – doch damit werden Gebühren für das Daten-Roaming fällig.

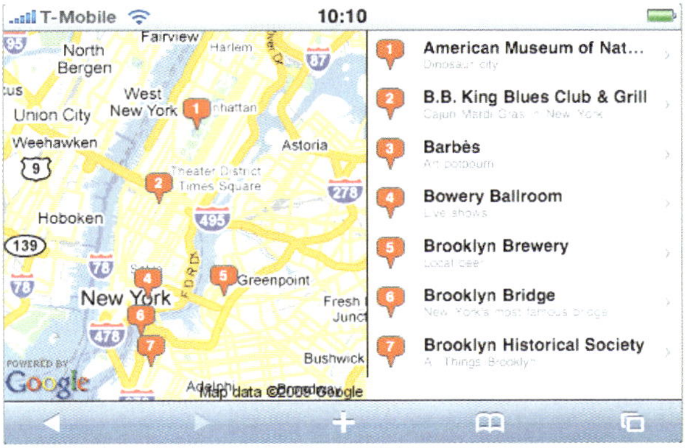

Selbst geschossene Postkarten aus dem Urlaub senden

Der Eiffelturm, die Akropolis, die Strandpromenade – lauter Postkartenmotive, die man Dutzende Male gesehen und vielleicht selbst erhalten hat. Mit dem iPhone machen Sie im Urlaub Ihre eigenen Postkarten.

Laden Sie sich vor der Abreise eine der kostenlosen Apps *PokaMax*, *Postkarte*, *Kartensender* oder das *Schreibcenter* der Deutschen Post auf Ihr iPhone. Dann können Sie eine Sehenswürdigkeit, Ihr Hotel oder Ihre Mitreisenden fotografieren. Dazu tippen Sie individuellen Text und nutzen die Adressen aus *Kontakte*.

Schneller und einfacher kann man keine individuellen Postkarten erstellen und verschicken. Die Anbieter drucken das Foto auf festem Postkartenpapier aus. Die Schrift ist eine Schreibschrift. Dann kommt eine Briefmarke drauf, und die Karte geht auf die (Post-) Reise.

Der Preis liegt mit 1,90 Euro pro Postkarte sicher über dem des traditionellen Urlaubsgrußes. Doch können Sie die Postkarten direkt aus dem Liegestuhl am Strand oder Pool versenden und müssen keinen Briefkasten suchen.

Vorteile	Nachteile
Keine Postkarten suchen/kaufen	Roaming-Kosten im Ausland
Keine Fragen nach dem Porto für Postkarten nach Deutschland	Höherer Gesamtpreis (Postkarte ca. 1,00 Euro, Porto ca. 0,50 Euro)
Keine Portokosten	
Keine Suche nach einem Briefkasten	
Schnellere Laufzeit, da Versand innerhalb Deutschlands	
Der Preis bleibt immer gleich, egal, in welchem Land Sie unterwegs sind	

Hotels finden

Hotels können Sie vor Ihrer Abreise mit dem iPhone suchen, aber auch spontan, wenn Sie unterwegs sind. Das ist ja gerade der Vorteil des Smartphones: Es weiß, wo Sie sich aufhalten, und zeigt Hotels in der näheren Umgebung an. In der Regel bieten alle Lokalisierungs-Apps wie *Yellow Map*, *Wohin*, *Meine Stadt* und *Around Me* eine *Hotel*-Rubrik.

Etwas dezidierter funktioniert das mit dem *HRS Hotel Organizer* (kostenlos). Das Vermittlungsportal hat rund 250.000 Hotels in seiner Datenbank, die je nach Verfügbarkeit angezeigt werden. Buchungen sind bei den meisten Häusern bereits ohne Angabe der Kreditkartendaten möglich. Die App *Hotel Bucher* (kostenlos) verzeichnet weltweit rund 100.000 Hotels.

Für die Suche vor Ort bietet sich die kostenlose App *Hotelsuche* an. Sie zeigt Preisschilder in der Stadtkarte an. Ein Fingertipp auf den Preis verrät den Hotelnamen.

Die App wurde noch um eine Suche nach Flugpreisen ergänzt und ist somit für Vielreiser ein Muss.

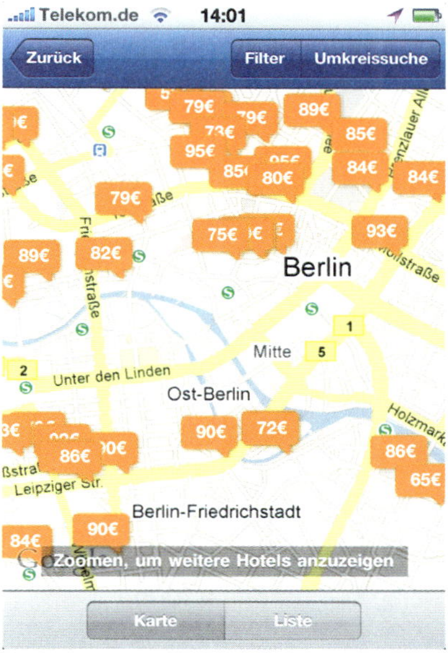

WLAN im Hotel

Achten Sie bei der Hotelbuchung im Ausland darauf, ob das Hotel WLAN (Wi-Fi) anbietet, eventuell sogar als kostenlosen Service. Wenn Sie für Ihren Datenabruf das WLAN im Hotelzimmer nutzen, sparen Sie sich die Roaming-Gebühren im Mobilfunknetz.

Transit: U-Bahn Pläne der Weltstädte

Wer sich mit der U-Bahn durch die Stadt bewegt, kann im Ausland gut einen Netzplan gebrauchen, der sich ohne Onlineverbindung nutzen lässt. *Transit* (1,59 Euro) enthält für 22 Städte, darunter Rom, Barcelona, Singapur und Washington D.C., U-Bahn-Pläne. Die App erkennt, wo man gerade ist und lädt den passenden Plan. Die lassen sich nach Stationsnamen durchsuchen.

Restaurantführer

Wer ein gutes Restaurant empfohlen haben möchte, nutzt beispielsweise die iPhone-Version des Marcellino-Guides (bis zu 2,39 Euro), den es jedoch nur für deutsche Reiseziele gibt. Wer es internationaler mag, findet im *Michelin Guide Restaurant* (14,99 Euro) die Besprechungen für knapp 32.000 gehobene Restaurants in Europa. Die App ist mit 1,2 MByte sehr schlank.

Auf der anderen Seite bedeutet das aber: Die Restaurantkritiken kommen frisch von einem Server.

Sie müssen also auf Reisen eine (teure) Datenverbindung nutzen, um Ihren Hunger zu stillen.

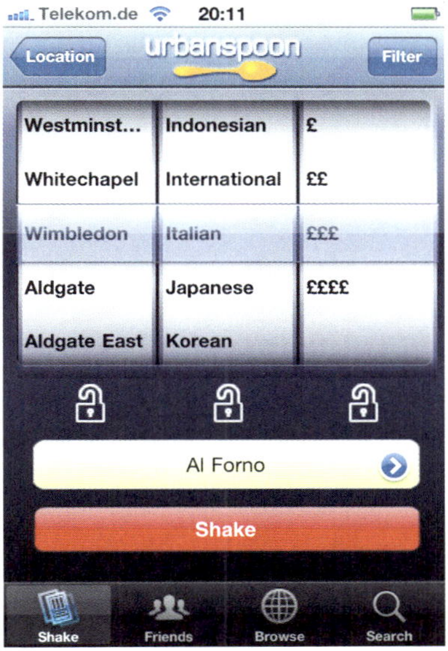

Der unterhaltsamste Restaurantführer ist mit Abstand *Urbanspoon* (kostenlos). Er funktioniert in vielen nordamerikanischen Städten, in London und Sydney. Die Startseite hat drei Drehräder, wie ein einarmiger Bandit (Slot Machine). Das erste steht für den Stadtteil, das zweite für die Küchenrichtung und das dritte für die Preiskategorie. Schütteln Sie Ihr iPhone.

Die Räder drehen sich wie bei einem einarmigen Banditen. Wenn Sie auf das Ergebnis tippen, erhalten Sie die Details zum Restaurant.

Hier sehen Sie das Nutzervotum, können Besprechungen lesen, die aktuelle Speisekarte anschauen (oft ein Foto anderer Nutzer), für die Tischreservierung anrufen oder sich per Google Maps zum Restaurant leiten lassen.

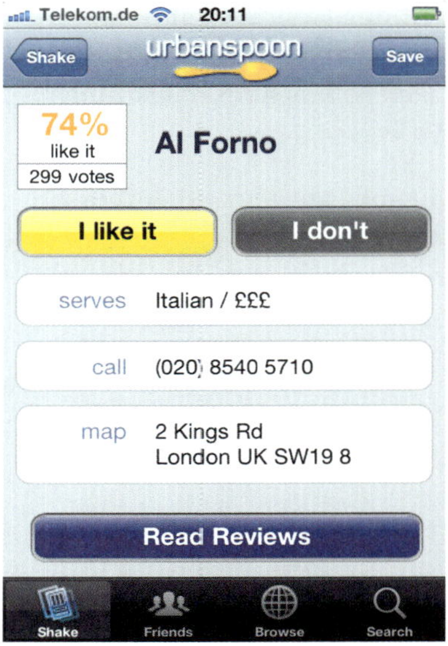

Wenn Sie genau wissen, worauf Sie Appetit haben, dann stellen Sie das Drehrad mit dem Vorhängeschloss auf die gewünschte Küchenrichtung fest.

Verständigen ganz ohne Sprachkenntnisse

Auf Reisen müssen häufig Hände, Block und Bleistift für die Verständigung herhalten. Wer aber schlecht erklären oder zeichnen kann, sollte sich *iCoon*, das globale Bilderwörterbuch, besorgen (0,79 Euro).

Für alle erdenklichen Situationen auf Reisen hat die Designerin einfache Schwarz-Weiß-Symbole entworfen. Auf zwölf Rubriken verteilt hat man rund 500 Icons von Essen über Mittel gegen Heuschnupfen bis zur Tankstelle in der Tasche.

Jedes Symbol lässt sich formatfüllend anklicken und dann zeigen. Diese App funktioniert im Ausland komplett ohne Datenabruf.

Wer zum Bild noch die korrekte Aussprache dazu haben möchte, sollte sich eine der zwölf Sprachversionen von *Franklin ViDicto+: Visuelles Wörterbuch* (4,99 Euro) herunterladen.

Die App zeigt nicht nur Fotos und Schriftzeichen, sondern spielt auch die korrekte Aussprache ab. Gerade in Ländern mit für uns ungewohnten Schriftzeichen ist das von Vorteil. Jede Rubrik hat am Ende komplette Beispielsätze. So kann man die App unter *Im Hotelzimmer* sagen lassen: „Schicken Sie mir bitte den Zimmerservice auf Zimmer Nummer 258“.

Der Clou: Die eigene Zimmernummer gibt man in die App ein, damit auch sie perfekt ausgesprochen wird.

Der Cornelsen Verlag bietet mit *iTalk Business* und dem *Phrase Coach* (3,99 Euro) Sprachprogramme für Geschäftsreisende an.

In Rubriken wie *Meetings*, *Negotiations* oder *Presentations* können Sie typische Redewendungen auswählen, übersetzen lassen und sich anhören.

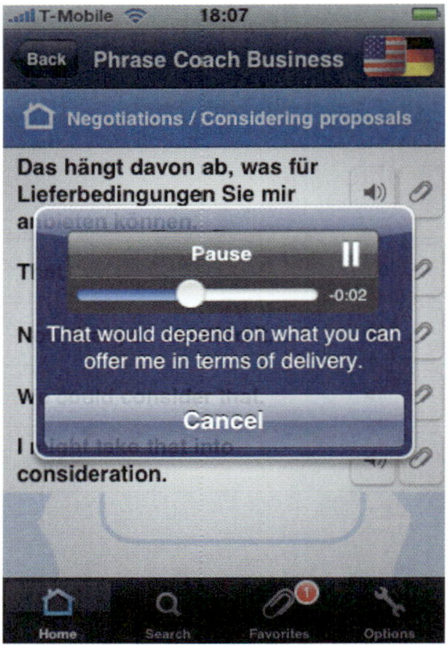

Museumsführer

Ein gutes Beispiel für einen gelungenen Museumsführer ist die kostenlose App *Musée du Louvre*. Damit kann man sich schon vorab und ohne Roaming-Kosten (alles im Speicher) auf seinen Museumsbesuch vorbereiten.

Man blättert wie im Cover Flow des iPods (Seite 149) durch die Kunstwerke. Zu jedem Werk bietet die App eine Detailbesprechung, technische Angaben wie Maße und Material, eine formatfüllende Darstellung sowie den Ort im Museum (Location). Da man das komplette Museum in Paris sowieso nicht an einem Tag schaffen kann, können Sie mit der App vorab Ihre Route durch das Museum planen und sich die Highlights zusammenstellen.

Wetter

Das Wetter für Ihren Urlaubsort verrät Ihnen die vorinstallierte Standard-App *Wetter*. Wer es genauer wissen will, findet im App Store eine reichhaltige Auswahl an Wetter-Apps: vom Bauernwetter über den Seewetterbericht bis zum Regenradar.

Zu den detailliertesten Wettervorhersagen gehört das Angebot der Meteo Group mit *WeatherPro* (2,99 Euro). Hier haben Sie eine Vorhersage des Wetters in Drei-Stunden-Schritten für zu Hause oder am Urlaubsort. Der Lokalisierungsbutton liefert die Wetterdaten für den aktuellen Aufenthaltsort, und das gleich für eine Woche im Voraus. Im Querformat können Sie durch die Niederschlagswahrscheinlichkeit, die Sonnenscheindauer und die Temperatur der kommenden Tage blättern.

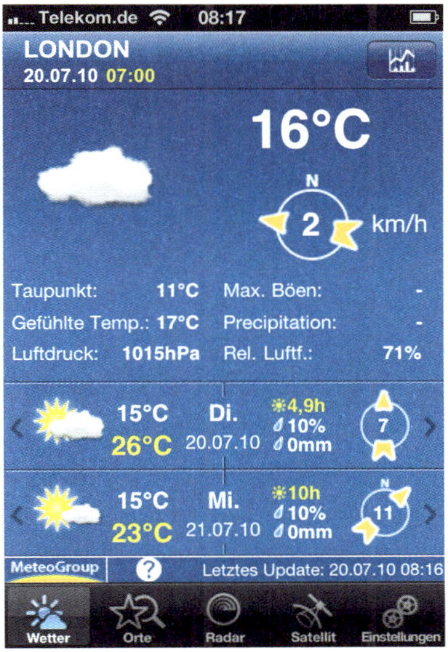

Die Rubrik *Satellit* spielt einen Film von Wolkenbewegungen der letzten Stunden ab, und *Radar* zeigt die Bewegung der Regenwolken (über Deutschland).

Wer es noch genauer wissen will, bekommt mit dem In-App-Kauf (Seite 191) das Premium-Abo. Drei Monate kosten 1,59 Euro und das ganze Jahr 5,49 Euro. Hier werden die Daten stündlich vorhergesagt, und das für 14 Tage. Im Radar werden Niederschläge für die kommenden zwei Stunden vorhergesagt. Regen und Schnee lassen sich farblich unterscheiden, was für Wintersportler nützlich ist.

Umrechnungshelfer

Fremde Länder, fremde Größen. Wenn Sie auf Reisen Währungen, Temperaturen, Entfernungen oder Gewichte umrechnen müssen, bieten sich praktische Helfer wie *Unit Conversion* (0,79 Euro) oder der *Convertbot* (1,59 Euro) an.

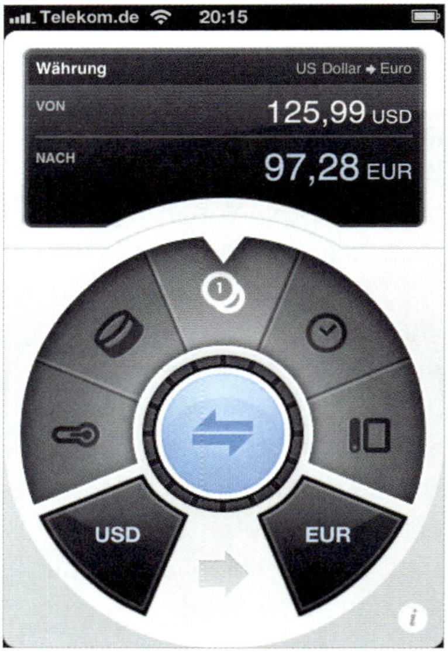

Letzterer bietet praktische Drehräder für die Rubriken. Ein Fingertipp auf die *Währung* und die Eingabe des Betrags in der Urlaubswährung, und sofort sehen Sie das Ergebnis in Euro. Und gut zu wissen: 85 Grad Fahrenheit hört sich heiß an, es sind aber angenehme 30 Grad Celsius.

In den Einstellungen können Sie die Aktualisierung von Währungen ausschalten, wenn im Ausland keine Daten über das Mobilfunknetz übertragen werden sollen. Es lassen sich den Drehrädern weitere Kategorien von Energie über Fläche bis Volumen hinzufügen. Der kleine Rechenroboter verfügt über insgesamt 21 Kategorien sowie einen Taschenrechner.

Laufen und wandern

Jogger, Wanderer, Radfahrer möchten im Urlaub – aber auch daheim – wissen, wie lang ihre Runde war, durch welches Gelände es ging, welche Höhen überwunden wurden und vieles mehr. Auch dafür eignet sich das iPhone, denn es kann Wege über einen „Rekorder“ aufzeichnen.

Wichtig ist hierbei der GPS-Chip, der die Position des Nutzers bestimmt. Das iPhone darf bei den Touren natürlich nicht ganz unten im Rucksack liegen, denn dann wird es kaum Positionsdaten vom Satelliten empfangen können.

Easy Trails GPS (2,99 Euro oder Lite Version) zeichnet beispielsweise Zeit, Entfernung, Höhe, Geschwindigkeit und die GPS-Daten einer Tour auf. Die Empfangsqualität des Satellitensignals wird mit bis zu fünf grünen Balken angezeigt.

Aufgezeichnete Strecken lassen sich zur Webseite *Everytrail .com* oder per WLAN-Verbindung auf den eigenen Rechner übertragen. Wer das erst mal ausprobieren möchte, dem sei die kostenlose Light-Version empfohlen.

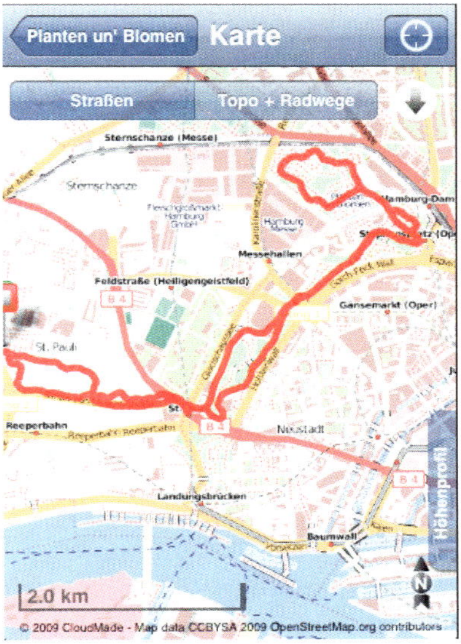

Noch etwas detaillierter und umfangreicher ist die App *Trails GPS Logbuch* (2,99 Euro). Hier lässt sich die Kompassgenauigkeit einstellen. Der Nutzer wählt, ob er als Jogger, Wanderer, Radfahrer oder Motorradfahrer unterwegs ist. Der Clou ist aber die Import- und Exportfunktion der App: Wer für ein Reisegebiet Vorschläge für Routen sucht, kann Strecken bei Everytrail.com, Bikely.com, MapmyRun.com in die App laden. Der umgekehrte Weg funktioniert natürlich auch. So kann man seine gelaufene/gefahrene Strecke mit anderen teilen oder in Google Earth betrachten. Trails gewann 2009 den Preis des Fachmagazins iPhone & Co. als beste deutsche iPhone-App auf der iPhone Developer Conference.

Läufergemeinschaft

Der amerikanische Sportartikelhersteller Nike hat mit Nike+ (*nikerunning.nike.com*) die weltweit größte Läufergemeinschaft im Web versammelt. Knapp zwei Millionen Sportler speichern ihre Laufdaten auf dieser Onlineplattform – bislang sind über 300.000 Millionen Kilometer Strecke erfasst.

Ambitionierte Hobbyläufer können hier ihre Trainingspläne ausarbeiten, Ziele setzen, sich mit anderen vergleichen und die eigenen Werte speichern. Studien belegen, dass Sportler eher ihre gesteckten Ziele erreichen, wenn sie sich mit anderen vergleichen und Buch über ihre Laufdaten führen. Dabei kann jeder individuell sein Ziel definieren, ob nun Gewicht verlieren, Kondition steigern, einen 10-km-Lauf schaffen oder für einen Marathon trainieren.

Neben dem iPhone benötigt der Läufer einen Sensor, der im Schuh platziert wird. Er überträgt Daten wie die gelaufene Strecke, den Kalorienverbrauch, das Tempo und die Zeit an das iPhone. Diese werden dann später an die Onlineplattform übertragen.

Wer sein iPhone nicht beim Laufen in der Tasche mit sich tragen will, kann ein Nike-Armband zur Aufzeichnung der Daten verwenden. Es wird später mit dem USB-Anschluss des eigenen Rechners verbunden und die Daten so ausgelesen.

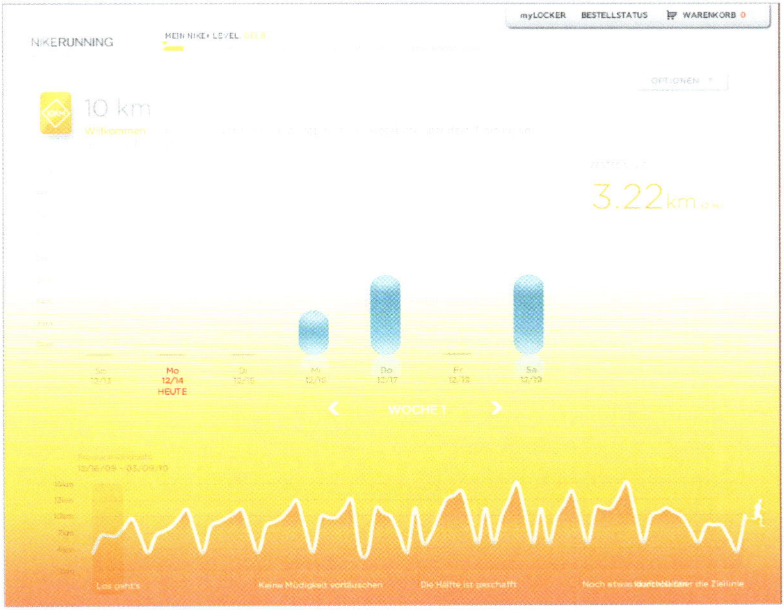

10.3 Das iPhone als Navi

Mit dem iPhone haben Sie ein Navigationsgerät in der Hosentasche. Genau das ist der Unterschied zum fest eingebauten Gerät im Auto – es funktioniert auch zu Fuß und sogar in Gebäuden. Das ist bei Messen, in großen Gebäuden oder in Flughäfen sehr praktisch.

Trianguläre Peilung

Das iPhone nutzt zur Ermittlung des Nutzerstandortes sowie für die Routenberechnung eine Kombination aus drei Methoden. Es wird die Laufzeit eines Funksignals zu umliegenden Funkantennen des Mobilfunkanbieters gemessen und daraus der Standort berechnet. Das funktioniert in Ballungsräumen mit vielen Funkantennen recht gut. Eine Antenne deckt nur einen kleinen Bereich ab (Funkzelle). Im ländlichen Raum sind die Funkzellen meist zu groß für eine metergenaue Ortung.

Die zweite Methode nutzt die Kennung von WLAN-Stationen. Apple bedient sich hier der Daten von *skyhookwireless.com*. Das Unternehmen fährt mit Messwagen durch Städte und erfasst den sichtbaren Namen von WLAN-Netzwerken (SSID) in Landkarten. Damit ist dann bekannt, dass sich der HotSpot „Fredi“ genau an der Ecke Ahornstraße und Bundesallee befindet. Skyhookwireless muss sich gar nicht im Netzwerk anmelden, es geht nur um den Standort des Senders.

Aus diesen Daten kann das iPhone seinen Standort berechnen. Je mehr Stationen antworten und je dichter diese beieinanderstehen, desto genauer funktioniert die Ortung. Somit ist diese Methode ebenfalls in Ballungsräumen recht genau. Da WLAN-Signale auch in geschlossenen Räumen vorhanden sind, funktioniert die Ortung auch in Gebäuden wie Messen, Flughäfen oder Kongresshotels.

GPS-Signal

Die dritte Methode ist das GPS-Signal (**G**lobal **P**ositioning **S**ystem). Eine Antenne im iPhone empfängt Signale von mehreren Satelliten am Himmel. Dazu muss allerdings eine direkte Sichtverbindung zwischen Satellit und iPhone bestehen. Wie gut das GPS-Signal ist, zeigt das iPhone beispielsweise in Google Maps an: Je größer der blaue Kreis bzw. das Fadenkreuz um den Standort angezeigt wird, desto schlechter ist der Empfang.

Damit eine Navigation mit dem iPhone unter Bäumen oder in einer Häuserschlucht nicht abbricht, nutzt das Smartphone ein Assisted-GPS-System. Die Geodaten vom Satelliten werden mit Ortungsdaten vom Mobilfunknetz und von WLAN-Stationen ergänzt.

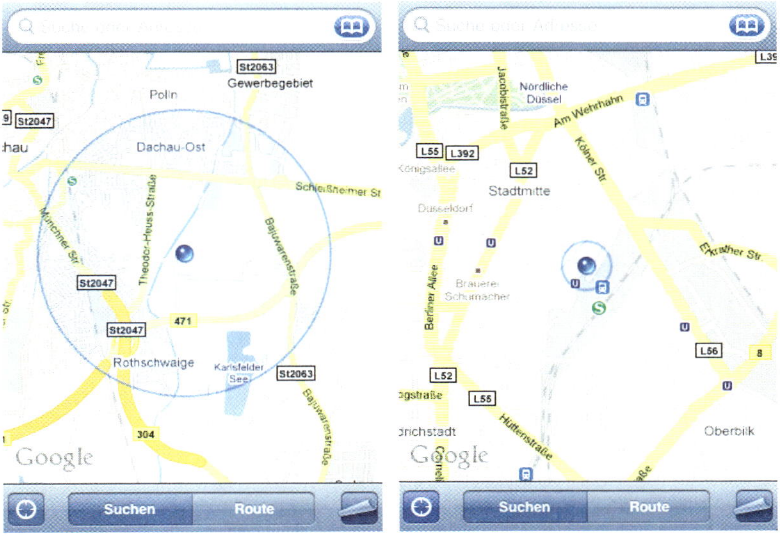

Ein großer blauer Kreis signalisiert schlechten GPS-Empfang. Je kleiner der Kreis, desto besser ist das Signal (rechts).

Welche App nutzt die Ortungsfunktion

Jede App muss das Einverständnis des Nutzers erfragen, um die Ortungsfunktion des iPhones verwenden zu können. Zweimal fragt die App, wird beide Male zugestimmt, nutzt sie fortan ungefragt die Geodaten.

Wenn eine App den Standort des Nutzers ermittelt, wird oben rechts neben der Batterieanzeige eine violette Kompassnadel angezeigt. In *Einstellungen/Allgemein/Ortungsdienst* können Sie die Funktion komplett deaktivieren. Außerdem sehen Sie, welche App in den vergangenen 24 Stunden die Ortungsfunktion genutzt hat. Hier können Sie auch einzelnen Apps die Ermittlung des Standortes „untersagen".

Kompass

Der Kompass im iPhone 4 ermittelt die Himmelsrichtungen und weiß somit, in welche Richtung Sie blicken.

Sie können den Kompass als vorinstallierte App starten. Unter dem *i* können Sie wählen, ob Sie eine Ausrichtung auf den geografischen oder den magnetischen Nordpol wünschen.

Diverse Apps der Rubrik Augmented Reality, also auch Google Maps, nutzen den Kompass im iPhone. Im Zusammenspiel mit dem Beschleunigungssensor sowie dem 3-Achsen-Gyrosensor ermöglicht der Kompass eine sehr genaue Routenführung des Nutzers.

Der Gyrosensor kann beispielsweise in Tunneln oder Parkhäusern auch ohne GPS-Signal den Weg weiterhin berechnen, da er die Bewegungsrichtung des Nutzers feststellt.

Kompass kalibrieren

Der Kompass kann durch elektromagnetische Felder oder andere Umwelteinflüsse gestört werden. Schon die Nähe zu den Magneten in Ihren Kopfhörern kann seine Genauigkeit beeinflussen. Entfernen Sie alle derartigen Gegenstände. Um Kompassstörungen zu beseitigen, bewegen Sie das iPhone in Form einer Acht vor Ihrem Körper. Damit wird der Kompass neu kalibriert.

Das eingebaute Navi-Programm

Ihren aktuellen Standort ermitteln Sie mithilfe von Google Maps. Ein Tipp auf *Karten* öffnet die Ansicht, ein weiterer Tipp auf das Ortungssymbol (Kompassnadel) unten links, startet die Ermittlung des aktuellen Standortes.

Ein zweiter Fingertipp auf die Kompassnadel startet den Kompass. Damit wird die Blickrichtung des Nutzers in der Karte angezeigt.

Mit Google Maps kann man nicht nur einzelne Adresse suchen, sondern auch eine Route berechnen lassen. Suchen Sie Ihren Zielort in Google Maps. Sie können in einem Kartenausschnitt per Finger eine Stecknadel setzen. Halten Sie dazu ihren Finger auf der Karte, es fällt eine Stecknadel von oben herab. Ein Fingertipp auf den blau-weißen Pfeil öffnet die Option *Wegbeschreibung hierhin*.

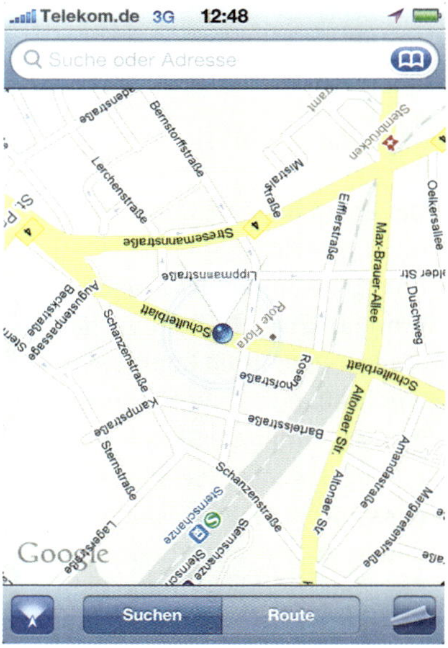

Der Kompass zeigt in Google Maps auf Wunsch die Blickrichtung an.

Haben Sie eine Adresse über die Suchfunktion in Google Maps ermittelt, dann tippen Sie jetzt auf *Route*. Das Ziel ist automatisch als Endpunkt definiert. Als Startpunkt ist *Aktueller Ort*, also Ihr derzeitiger Aufenthaltsort eingetragen.

Mit einem Fingertipp auf das Adressbuchsymbol daneben öffnet Ihr Adressbuch, aus dem Sie eine Startadresse auswählen können. Das funktioniert übrigens auch für das Ziel.

Die Route wird wahlweise für eine Autofahrt, öffentlichen Nahverkehr (funktioniert nicht immer) oder einen Fussweg berechnet. Mit *Start* beginnt die Routenführung in Google Maps.

Dazu wird die Strecke in Abschnitte eingeteilt, die man manuell vor- und zurücktippen kann. Die Fahrtrichtung ist beschrieben, wird allerdings nicht von einer Stimme gesprochen. Der aktuelle Aufenthaltsort aktualisiert sich laufend in Form des blauen Punktes. Für kurze Strecken in der Stadt reicht diese Navigationsanwendung meist aus.

Google Mapps lässt sich auch als Navigationsprogramm verwenden.

Google Streetview

Die Ansicht auf Straßenniveau ist in Deutschland noch umstritten. Datenschützer fürchten die Verletzung von Persönlichkeitsrechten und Privatsphäre, wenn Google die Straßenzüge fotografiert. Für amerikanische Städte aber auch europäische Metropolen wie Paris oder Barcelona liegen die Fotos bereits auf den Servern von Google.

Wird in Google Maps über einer Stecknadel ein Mensch vor rotem Hintergrund angezeigt, gibt es für diese Adresse Fotos. Ein Fingertipp auf das Menschsymbol wechselt zur Fotoansicht im Querformat.

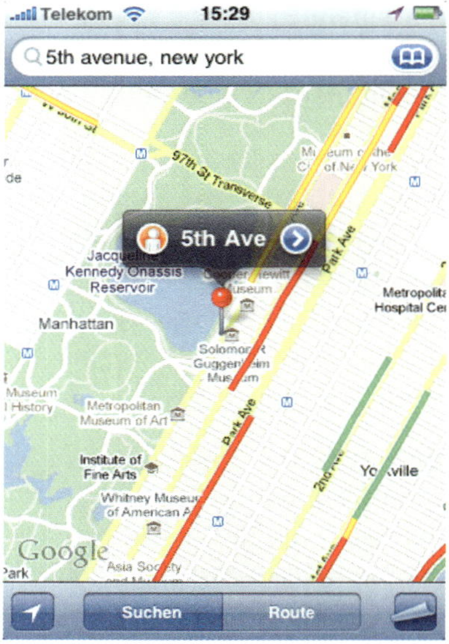

Man kann mit dem Finger nach links und rechts, oben und unten wischen. Bei der Seitenbewegung dreht man sich um die eigene Achse. Unten links wird die jeweilige Blickrichtung im Kartenkreis angezeigt.

10.4 Weitere Navigations-Apps

Es gibt rund drei Dutzend Navigationsprogramme im App Store. Die Preise reichen je nach Regionen von kostenlos bis zu 90 Euro. Vollwertige Navi-Apps für den deutschsprachigen Raum (DACH-Region, also Deutschland, Österreich, Schweiz) gibt es von Navigon für 45 Euro, von TomTom für 50 Euro sowie von iGo für 55 Euro (Westeuropa). Kunden der Telekom können *Navigon select Telekom Edition* für zwei Jahre kostenlos nutzen. Wer innerhalb dieser Zeit ein kostenpflichtiges Programmelement wie beispielsweise Staumeldungen hinzukauft, hebt damit die zeitliche Limitierung auf.

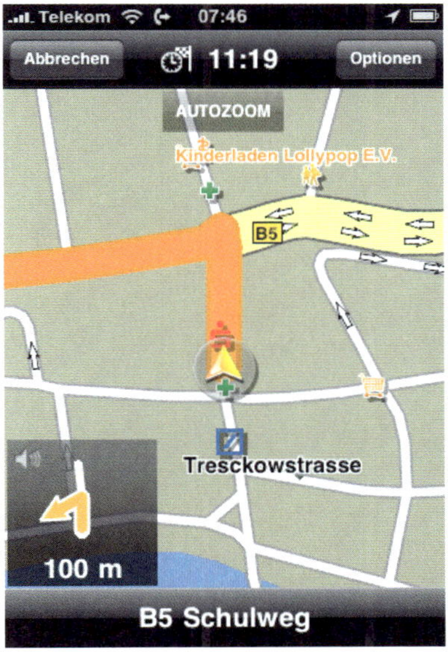

Die angebotenen Apps lassen sich in zwei Gruppen einteilen: mit und ohne Kartenmaterial. Die teureren Apps liefern das Kartenmaterial mit und sind einige Hundert MByte groß. Das hat den Vorteil, dass unterwegs keine Verbindung zum Internet notwendig ist, was vor allem bei Auslandsreisen sinnvoll ist. Außerdem wird schnell eine neue Route berechnet, wenn man vom Weg abgekommen ist.

Die Apps ohne eigenes Kartenmaterial bieten auch Vorteile: den günstigen Preis, geringer Speicherbedarf und Sie nutzen stets das aktuellste Kartenmaterial vom Web-Server. Die Nutzung einer solchen App wird im Ausland allerdings teuer. In ländlichen Gebieten mit schwacher Netzabdeckung kann die Routenberechnung schon mal einige Minuten dauern. Wer nur gelegentlich eine Navigation benötigt, fährt mit den günstigen Apps jedoch besser und kommt auch an.

Navigations-Apps im Überblick

Anbieter	Name	Preis in Euro *	Größe in MByte	Besonderheiten
Navigon	Mobile Navigator Europe	69,99	746	Tag-/Nacht-Modus der Kartendarstellung, Sprachansagen, realistische Darstellung von Autobahnkreuzen, aktuelle Verkehrsmeldungen sind als In-App-Kauf möglich.
TomTom	TomTom D-A-CH	39,99	351	Sprachanweisung bei der Routenführung, gespeichertes Kartenmaterial, schnelle Routenneuberechnung bei verpasster Abbiegung, 2-D-/3-D-Darstellung der Umgebung, Adresse aus Kontakten übernehmen, POIs anzeigen und anrufen, Autohalterung mit stärkerer GPS-Antenne (ca. 100 Euro) als Zubehör erhältlich.
Skobbler	Navigations- und Umgebungssuche D-A-CH	2,99	2,3	Kartenmaterial stammt von OpenStreetMap und wird bei jedem Abruf vom Server geladen, Sprachansagen, Auto- und Fußgängernavigation, Geschwindigkeit, Straßenschilder, Tag-/Nacht-Modus.
Sygic	Sygic Aura Drive D-A-CH	59,99	1.160	Sprachansage, Kartenmaterial von TeleAtlas enthalten, Tempolimits, Tag-/Nacht-Modus, POIs, Parkplätze in der Nähe.

Anbieter	Name	Preis in Euro *	Größe in MByte	Besonderheiten
NNG Global Services	Navigation for Europe – iGo my Way	54,99	1.470	Sprachansage, Kartenmaterial von Navteq, 3-D-Darstellungen. Tempolimits, Tag-/Nacht-Modus, Straßenschilder.
aemade	Roadee	1,59	6	Die App nutzt das Kartenmaterial von OpenStreetMap, dem Karten-Wiki, Routenführung zu POIs und Adressen aus den eigenen Kontakten, Navigation auch für Fußgänger gedacht, aktuelle Geschwindigkeit.
United Maps	Walk & Ride	3,99 – 6,99	48	Fußgänger-Kartenmaterial für deutsche Städte
Felix Lamourox	OffMaps	1,59	1,3	Vor Reiseantritt wird der gewünschte Kartenausschnitt auf das iPhone geladen, so entstehen im Ausland keine Daten-Roaming-Gebühren, maximaler Download von 150 MByte pro Karte, Routenführung, Wikipedia-Einträge speichern.

** Die Anbieter variieren ihre Preise über Aktionszeiträume.*

Halterung und Ladekabel fürs Auto

Wer sein iPhone als Navi im Auto nutzt, sollte es mit einer Halterung an der Windschutzscheibe befestigen. Zum einen fliegt das Smartphone dann nicht bei einer Bremsung durch den Wagen, und zum anderen kann der Fahrer besser auf die Routenführung schauen. Außerdem hat die GPS-Antenne eine bessere und konstante Sichtverbindung zum Satelliten.

Außerdem benötigt man das USB-Ladekabel sowie einen Auto-Adapter für den Zigarettenanzünder. Die Navigation fordert die Batterie: Prozessor und Bildschirm sind bei der Routenführung im Dauereinsatz. Wer nicht mitten auf der Strecke auf einen schwarzen Bildschirm starren möchte, sollte für „Energienachschub“ sorgen.

Wer sich von der freundlichen Stimme in der Navi-App leiten lassen möchte, sollte ein Audiokabel mitnehmen. Das wird in den Kopfhörereingang gesteckt und mit dem Audioeingang (AUX) des Radios verbunden. Dann kann man Musik vom iPod hören, und bei Ansagen zur Richtungsänderung wird das Lied kurz ausgeblendet.

11. Sicherheit fürs iPhone

Das iPhone speichert viele persönliche Daten, die nichts für die Augen Fremder sind, die zufällig Ihr iPhone in die Hände bekommen. Aber auch die eigenen Kinder könnten über YouTube-Videos stolpern oder Apps kaufen, die nicht für ihr Alter geeignet sind.

11.1 SIM-PIN nutzen

Beim Einschalten des iPhones wird automatisch Ihre SIM-PIN abgefragt. Diese **p**ersönliche **I**dentifikations**n**ummer (PIN) wird von Ihrem Mobilfunkprovider festgelegt und ist an die SIM-Karte gebunden. Falls Sie Ihre Nummer nicht mögen oder sich einfach nicht merken können, ändern Sie sie. Unter *Einstellungen/Telefon/SIM-PIN* tippen Sie auf *PIN ändern*. Geben Sie erst die alte Nummer und dann Ihre neue vierstellige Wunschnummer ein.

Die SIM-PIN schützt nur die Telefonfunktion des iPhones. Es kann also niemand mit Ihrem iPhone telefonieren, aber Termine, Mails und SMS ansehen sowie Apps starten.

Haben Sie beim Start verpasst, die SIM-Karte zu entsperren, können Sie das nachholen, indem Sie im *Telefon/Ziffernblock* per Hand irgendeine Nummer wählen und auf das Hörersymbol tippen. Es erscheint das Fenster zum *Entsperren* der SIM.

11.2 Die Code-Sperre nutzen

Die Code-Sperre wird bei jedem Einschalten sowie aus dem Stand-by abgefragt. Es ist eine vierstellige Nummer, die verhindert, dass Fremde Ihr iPhone benutzen können. Nur die Code-Sperre schützt wirklich vor dem Zugriff auf sämtliche Daten.

Mit aktivierter Code-Sperre wird das iPhone auch beim Anschließen an einen Rechner nicht erkannt. Ein Dieb kann also nicht über den Windows-Explorer oder iTunes auf das iPhone zugreifen.

Sie legen den Code unter *Einstellungen/Allgemein/Code-Sperre Code aktivieren* durch zweimalige Eingabe fest. Unter *Code anfordern* bestimmen Sie, nach welcher Zeit der Code abgefragt wird. In der Praxis hat sich *Sofort* bewährt.

Unter *Sprachwahl* legen Sie fest, ob man trotz Code-Sperre noch mit gesprochenen Befehlen beispielsweise ein Telefonat starten darf.

Wer verhindern will, dass Diebe durch Ausprobieren die Code-Sperre knacken, aktiviert die Option *Daten löschen*. Dann wird nach 10 Fehleingaben der komplette Speicher des iPhones gelöscht.

11.3 Daten zurücksetzen

Wenn nichts mehr geht, hilft nur ein Zurücksetzen auf den Auslieferzustand. Unter *Einstellungen/Allgemein/Zurücksetzen* finden Sie Optionen für mehrere Bereiche. Wenn Ihre *Netzwerkeinstellungen* im WLAN nicht mehr funktionieren, Ihr Wörterbuch falsch korrigiert oder Apps nur noch auf dem Rechner, nicht aber auf dem iPhone erscheinen, können Sie hier den Ausgangszustand wiederherstellen.

Alle Einstellungen löscht alle Einstellungen wie Anzeigeoptionen und WLAN-Kennwörter, lässt aber Dateien und Medien auf dem iPhone. *Inhalte & Einstellungen löschen* bereinigt wirklich alles. Die gewählte Löscheingabe müssen Sie noch zweimal bestätigen, dann startet das iPhone neu.

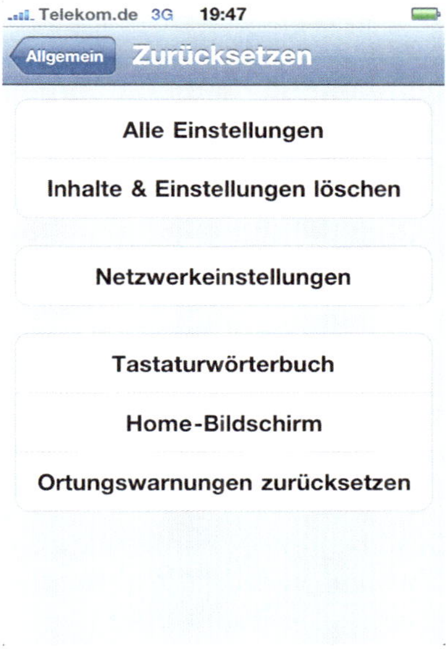

Die Option bietet sich auch an, wenn Sie Ihr iPhone verkaufen möchten und zuvor alle Einstellungen, Medien und Netzwerkpasswörter löschen möchten.

Apps, die Ihren aktuellen Aufenthaltsort nutzen, fragen zweimal nach Erlaubnis. Beim dritten Mal nutzen sie ungefragt die Geodaten. Wenn Sie auf *Ortswarnungen zurücksetzen* tippen, ist diese Erlaubnis für alle Apps aufgehoben.

11.4 VPN-Verbindungen

VPN steht für **V**irtuelles **P**rivates **N**etzwerk. Der Datenabruf von einem Unternehmensnetzwerk auf das iPhone erfolgt in der Regel über ein VPN. Dabei wird die Datenverbindung getunnelt: Von außen kann niemand sehen, welche Daten übertragen werden.

Diese Sicherheitsmethode kann aber auch im privaten Umfeld nützlich sein. Beispielsweise wenn man Sorge hat, dass der Datenverkehr an einem öffentlichen WLAN-HotSpot „mitgehört" wird.

Das amerikanische Unternehmen Anchor Free bietet mit HotSpot Shield (*www.hotspotshield.com*) einen kostenlosen VPN-Dienst an, der sich auch auf dem iPhone nutzen lässt. Aktivieren Sie den *VPN*-Schieber unter *Einstellungen/Allgemein/Netzwerk/VPN*.

Tippen Sie auf *VPN hinzufügen*. Die erforderlichen Daten finden Sie auf der Webseite von HotSpot Shield. Wenn Sie beim nächsten Mal die VPN-Verbindung nutzen wollen, aktivieren Sie in den *Einstellungen* den Schieber *VPN*.

Please use the following instructions to setup Hotspot Shield on your iPhone. In just four easy steps, your connection will be secured.

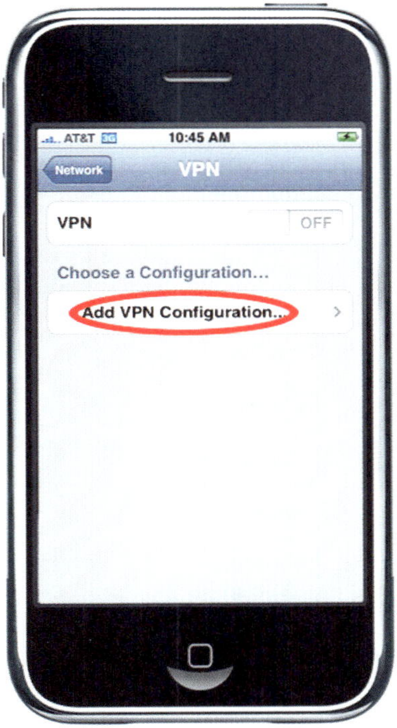

1 Configure iPhone

Make sure that Wi-Fi is marked "OFF" in Settings -> Wi-Fi

Then find the VPN settings in **Settings** -> **General** -> **Network** -> **VPN** -> **Add VPN Configuration**:

- Select the **IPSec** tab/pane
- Description: **HotspotShield**
- Server: **68.68.107.101**
- Account: [Click "Get Account ID" button]
- Password: [Click "Get Account ID" button]
- Use Certificate: **OFF**
- Group Name: **hss**
- Secret: **hss**

2 Get Account ID

Get Account ID

3 Save

You are now done. Save the settings and hit the "HOME" button to quit. Make sure to turn Wi-Fi back "ON".

4 Activate

To activate Hotspot Shield on your iPhone, the VPN setting needs to be turned on. From "HOME" menu, go to Settings and click the "On" tab for VPN. Your Status will change to "CONNECTED" and the VPN icon will appear on top in the iPhone Tray when complete. If you cannot connect to the VPN immediately, power down your iPhone, turn it back on, and turn the VPN to "ON".

If you cannot connect to VPN immediately, power down your iPhone, turn it back on, and turn VPN to "ON" in "Settings".

11.5 Kindersicherung für Anwendungen festlegen

Wenn Ihre Kinder das iPhone mitnutzen, sollten Sie Altersfreigaben für Apps, Filme und Musik festlegen. Sie können auch komplette Anwendungen sperren, wenn der Nachwuchs beispielsweise keine YouTube-Videos anschauen soll.

Unter *Einstellungen/Allgemein/Einschränkungen* finden Sie sämtliche Optionen. Legen Sie zuerst einen vierstelligen Code zum Schutz der Einschränkungen fest.

Unter *Erlauben* können Sie komplette Anwendungen sperren. Schieben Sie den Regler bei *YouTube* auf Grau, verschwindet das Icon vom Bildschirm. Es lässt sich auch über Spotlight nicht mehr finden.

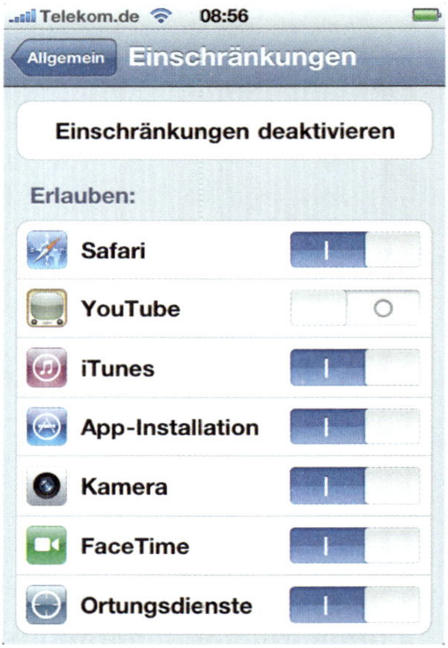

Einzelne Anwendungen lassen sich deaktivieren.

Wenn Sie alle Programme zulassen, können Sie unter *Zulässiger Inhalt* Altersfreigaben für Musik, Podcasts, Filme, TV-Sendungen und Apps festlegen. Zum einen können Sie die Altersfreigaben nach Ländern, also für Deutschland, auswählen. Zum anderen können Sie je nach Mediengattung unterschiedliche Freigaben beispielsweise für Filme und Musik einstellen.

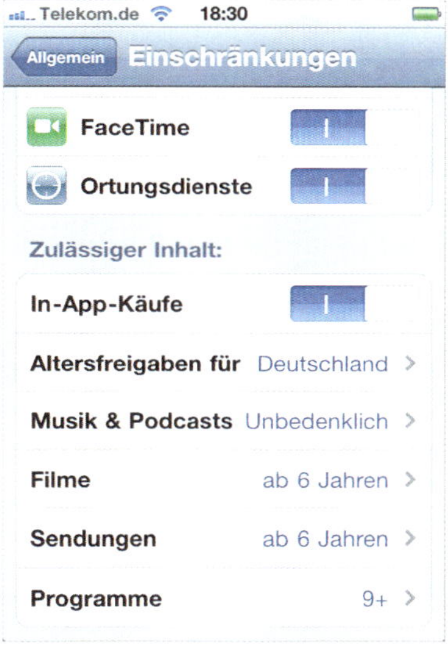

Wenn niemand Kosten mit In-App-Käufen verursachen soll, dann deaktivieren Sie diese Option. Die Kauffunktion ermöglicht den Erwerb neuer Levels in Spielen oder Abos bei Verlags-Apps (Seite 191).

Gewählte Altersfreigabe für Medien.

11.6 Passwörter speichern

Wenn Sie Ihre Passwörter nicht automatisch im Safari-Browser speichern lassen möchten, bietet sich eine der diversen Passwort-Apps für die Aufbewahrung von Kenn- und Passwörtern an. Die Datenbank mit Ihren Einträgen wird verschlüsselt im iPhone-Speicher gesichert. Sie ist nur mit einem von Ihnen festgelegten Passwort zu öffnen. Somit müssen Sie sich nur ein Passwort merken.

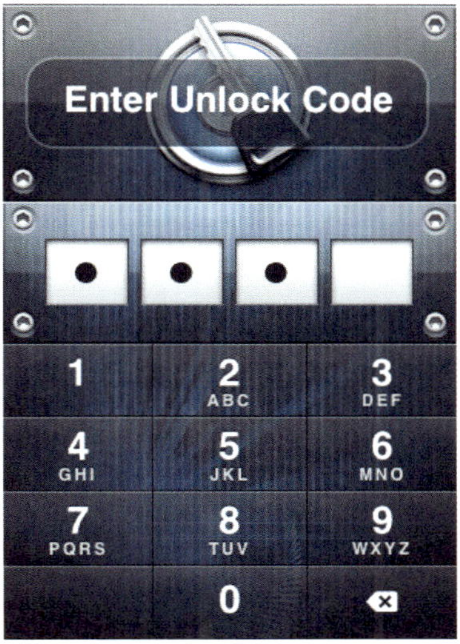

Hier sei die englischsprachige Lösung von Agile mit dem Namen *1Password* vorgestellt. Sie bietet einen Datenabgleich der Passwörter auf dem iPhone und dem heimischen Rechner – allerdings nur für den Mac.

Die App 1Password (*www.agile.ws/products/1Password*) gibt es ab 5,49 Euro, die Single-Lizenz für einen Mac-Rechner kostet 39,95 US-Dollar. Befinden sich iPhone und Mac-Rechner im selben WLAN-Netz, werden die Passworteinträge automatisch abgeglichen. Damit haben Sie unterwegs immer sämtliche Passwörter bei sich. In *1Password* werden die Passwörter wie im Adressbuch alphabetisch aufgeführt. Man kann sie nach dem Namen oder der zugehörigen Internetdomain sortieren lassen. Für Angebote wie eBay, Amazon, Facebook, Googlemail, Kreditkarten und Bankkonten gibt es fertige Vorlagen, die mit den individuellen Daten gefüllt werden.

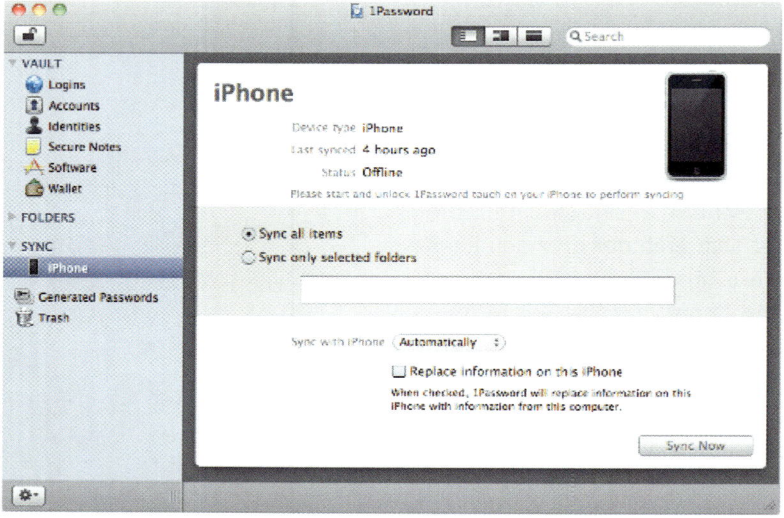

Passwortabgleich zwischen Mac und iPhone.

Weitere Passwortspeicher im App Store sind: *mSecure*, *eWallet*, *SplashID*, *Password Manager*, *Safe*, *Firebox Password Vault*, *Passcode* und *LockBox*. Die Preise für die Passwortspeicher liegen zwischen 0,79 Euro und 7,99 Euro. Etliche Anbieter bieten kostenlose Testversionen zum Ausprobieren an.

11.7 Garantie & Gewährleistung

Apple bietet lediglich 12 Monate Garantie und 90 Tage kostenlosen technischen Support auf das iPhone. Beides lässt sich mit einem kostenpflichtigen, sogenannten AppleCare Protection Plan verlängern.

Die meisten Mobilfunkprovider, darunter auch die Telekom, bieten ab dem 13. Monat eine kostenpflichtige Garantieverlängerung. Sie ist Teil eines Elektronik-Schutzbriefes für das iPhone. Er umfasst neben Sturz, Flüssigkeitsschaden, Einbruchdiebstahl und Raub auch die Verlängerung der Herstellergarantie.

Natürlich gilt für das iPhone die 24-monatige gesetzliche Gewährleistung. Nach Ablauf der 12-monatigen Garantie greift jedoch die Umkehr der Beweislast: Der Käufer muss nachweisen, dass der Mangel bereits beim Kauf bestand. Das dürfte in der Praxis schwerfallen, denn kaum ein echter Mangel bleibt über zwölf Monate unentdeckt.

Die Regelung von T-Mobile Austria ist vergleichbar mit der in Deutschland. Swisscom in der Schweiz bietet seinen Kunden zwei Jahre Garantie auf das iPhone.

11.8 Apps wiederherstellen

Sollten eines Tages Ihre Apps sowohl vom iPhone als auch vom Rechner verschwunden sein, gibt es eine einfache Möglichkeit, sie in iTunes noch einmal herunterzuladen. Dazu müssen Sie sich mit demselben Nutzerkonto bei iTunes auf dem Rechner anmelden wie beim Erstkauf.

Suchen Sie im App Store die App aus und klicken Sie auf *Kaufen*. Es erscheint der Hinweis: *Sie haben diesen Artikel bereits gekauft*. Bestätigen Sie ihn. Die App wird kostenlos geladen.

Das funktioniert natürlich auch direkt auf dem iPhone. Wenn Sie unter *Store* angemeldet sind, tippen Sie im App Store auf die jeweiligen Apps und laden sie ein zweites Mal auf das Smartphone. Einzige Schwierigkeit: Sie müssen sich an die Namen aller gekauften Apps erinnern.

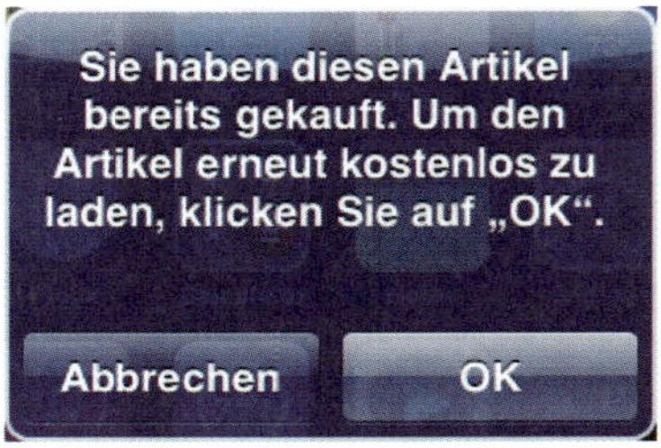

Daten sichern

Vor einem Rechnerwechsel, aber auch generell zur Sicherheit sollten Sie das Backup Ihres iPhones aus iTunes auf eine externe Festplatte oder ein anderes Speichermedium exportieren. Windows-Anwender finden den Ordner auf ihrer Festplatte unter *Benutzerordner/AppData/Roaming/Apple Computer/Mobile Snyc/Backup*. Mac-Nutzer sichern den Ordner unter *Festplatte/Library/Application Support/MobileSync/Backup*.

Index

T

U

V

W

Y

Mehr Umsatz mit professioneller PR-Arbeit!

Bartel

Das große Buch Erfolgreiche Online-PR

374 Seiten, € 39,95
ISBN 978-3-8158-2965-3

nur € 39,95

Wirkungsvolle Öffentlichkeitsarbeit kommt heutzutage nicht ohne Online-PR aus. In diesem Buch erfahren Sie, wie gerade Selbstständige und KMUs die vielfältigen Maßnahmen der PR im Web nicht nur professionell, sondern auch gewinnbringend einsetzen können.

Internet-PR-Experte Rainer Bartel zeigt, wie Sie von der aktiven Beteiligung an Foren und Blogs, vom Social-Web und Ihrem eigenen Webauftritt sowie von Google AdWords und weiteren Maßnahmen profitieren. Mit praxisnahen Tipps und sofort umsetzbaren Anleitungen lassen sich nicht nur Bekanntheitsgrad und Umsatz steigern, sondern auch das gewünschte Image in den Bezugsgruppen erzielen.

- ***Grundlagen und Möglichkeiten der Online-PR***
- ***Gekonnte Krisen-PR und effektive Kommunikation im Netz***
- ***Aktive Teilnahme an Foren, Weblogs, Portalen etc.***

DATA BECKER

Gratis-Leseprobe und Inhaltsverzeichnis unter: www.databecker.de

Premium-Schutz für´n Apple und´n i!

Unsichtbare Schutzfolien für iPhone, iPod und iPad!

Hochwertige Premium-Schutzfolien mit speziell entwickelter Silikonklebeschicht für Ihr Apple-Gerät!

Klarer Fall: Die einzigen Schutzfolien, die sich garantiert blasenfrei** auftragen, rückstandlos ablösen und mehrfach positionieren lassen. Die hochtransparenten und passgenauen Schutzfolien machen Schluss mit nervigen Fingerabdrücken, lästigem Schmutz und störenden Kratzern auf den Displays von iPad, iPod Touch 2G/3G und iPhone 3G/3GS/4. Die Bedienung wird dabei in keiner Weise beeinträchtigt und das Bild stets verlustfrei wiedergegeben.

€ 12,99* • iPad-Schutzfolie
EAN 4003646117442

€ 5,99* • 2 Schutzfolien für iPod Touch 2G/3G
EAN 4003646117435

€ 5,99* • 2 Schutzfolien für iPhone 3G/3GS
EAN 4003646117459

€ 5,99* • 2 Schutzfolien für iPhone 4
EAN 4003646117510

* Unverbindliche Preisempfehlung

** Andernfalls ersetzt DATA BECKER die Folie. Korrekte Anwendung gemäß beiliegender Anleitung vorausgesetzt. Gilt innerhalb von 7 Tagen nach Kaufdatum.

Schmutzfreies Display für ein ganzes Jahr!

Das nano-Versiegelungs-Set für Ihr iPhone und Ihren iPod Touch: Einmal aufgetragen bildet sich sofort ein unsichtbarer Schutzfilm, der das feste Anhaften von Schmutz, Finger-abdrücken und Staub erfolgreich verhindert. So bleibt das Touchdisplay von iPhone und iPod Touch jederzeit perfekt lesbar.

€ 5,95* • Versiegelungs-Set
EAN 4003646107429

Mehr Infos, Workshops & Downloads online: ***www.databecker.de***

DATA BECKER